벗과 함께 걷는 평화로운 화요일

벗과 함께 걷는 평화로운 화요일

홍순관·김상윤·김상연·김형숙·정용철·지강유철·김지은 ·박흥순 | 지음

다문화평화교육연구소 | 엮음

도서출판 말

벗과 함께 걷기

"육신이란 작은 수레를 몰고 허겁지겁이던가
사람 일은 온통 바쁘기만 한데
지구 큰 덩어리를 타고 거닐어보노라
하늘길은 넓고 후련하구나"

다석 류영모

자기 자신에 몰두하면 곁에서 함께 걷는 사람을 볼 수도 그 목소리를 들을 수도 없다. 그래서 자기 자신이란 육신에 갇히지 않고 살도록 온 우주를 바라보며 더불어 살기와 함께 살기를 제안하는 다석 류영모 선생님 목소리가 생생하다. '시민과 함께하는 인권 서로 배우기'는 온 우주를 거닐며 하늘길을 벗과 함께 걷고 있음을 확인하는 시간과 공간이다.

이 책은 2023년 다문화평화교육연구소가 '시민과 함께하는 인권 서로 배우기' 프로그램으로 다섯 번째 순례 이야기를 묶은 것이다. 벗과 함께 걸으며 더불어 사는 세상, 함께 사는 세상을 꿈꾸는 사람들과 나누는 이야기는 함께하는 '시민'이 서로 비추고 서로 배우는 시간과 공간이었다. 2023년 '시민과 함께하는 인권 서로 배우기'는 평화, 역사, 미술, 돌봄, 스포츠, 음악, 종교, 공동체, 순례라는 주제를 '인권'과 연관해서 살펴보는 순례였다.

첫째 강좌 주제는 '인권과 평화'다. 강의를 맡은 가수 홍순관 선생님은 "나처럼 사는 건 나밖에 없지"라는 제목으로 강의를 시작했다. 당연하게 여기던 걸 거듭 물을 때 가던 길을 잠시 멈추고 둘러본다. 그때 '멈칫'이란 단어를 쓴다. 가수이며 평화 활동가로 한국 사회 굴곡진 현장에서 노래하며 모임을 이끌어온 홍순관 선생님이 '평화'가 무엇인지 묻고 또 물을 때마다 '잠시 멈칫'하며 골똘히 집중하고, 명랑한 상상력을 발휘하며 유연성을 높인다. 평화는 '제 숨 쉬는 세상'이라고 말하며 자기 호흡과 속도로 사는 걸 제시한다. 고정관념을 뚫고 나오는 게 '내 것'임을 거듭 말한다. 시간과 마주하고 나와 마주하는 한가로움은 다른 이와 세상과 역사와 마주할 힘을 준다. 한국 사회 다양한 현장에서 평화를 노래하며 말하고 행동해야 함을 외치며, 삶 전체를 곁에서 함께 살아온 사람들과 그 길을 같이 걷자고 제안하는 강좌였다.

둘째 강좌 주제는 '인권과 역사'다. 윤상원기념사업회 고문이신 김상윤 선생님께서 "5·18 단상 몇 가지"란 제목으로 강의를 시작했다. 광주와

5·18 관련한 용어를 적합하게 정의하고 사용할 필요를 제시하며 '5·18 민주화운동'이 아니라 '5·18광주민중항쟁'이란 용어를 사용해야 하는 까닭을 분명하게 설명한다. 광주가 '절대 공동체'였고 그 주체가 '민중'이었으니 당연한 말이다. 또한 '민주, 민중, 민족'이란 용어를 사용해 광주정신이 그 토대라고 강조한다. 두 시간 동안 원고도, 메모도 없이 세계사와 근현대사와 5·18과 광주에 관해서 들려주신 강좌는 부드러운 외침 그 자체였으며, 상상력과 통찰력, 전망과 비전도 제시하는 강좌였다.

셋째 강좌 주제는 '인권과 미술'이다. 강의를 맡은 작가 김상연 선생님은 "현효, 내 안에 거대한 에너지"란 제목으로 강의를 시작했다. 보이는 행태에서 본래의 소리를 그리는 게 그림 그리기 방향이라 말하며, 작품 여정을 잔잔히, 때로는 단호하게 전했다. 본래 형태 사물이 지닌 내면 목소리를 관찰하고 이해하고 표현하는 과정에서 '바라보는 관점'이 중요하다고 강조한다. 회화, 판화, 인쇄, 설치, 영상을 포함한 전 영역에서 독창적이며 창의적 목소리를 내는 힘이 바로 여기에서 나온다고 생각했다. 이 모든 작업에서 본本이 휴머니즘, 인간 본성, 인간성이라고 강조한다. 작품 여정은 역시 스스로 돌아보는 것에서 출발해 다르다는 것에 대한 깨달음과 깊은 성찰로 이어진다. 존재에 관한 질문, 세상에서 길 찾기, 미래진행형 인간 등 깊은 철학적 사유와 고민이 깃든 작품 여정은 큰 울림과 여운이 남는 강좌였다.

넷째 강좌 주제는 '인권과 돌봄'이다. 순천향대 간호학과 교수 김형숙 선생님이 "아픈 이의 곁에 있다는 것"이란 제목으로 강의를 시작했다. 강의를 한마디로 요약하면 "살면서 누구나 돌보는 이가 되고, 또 아픈 이가 된다"라는 것이다. '돌봄'은 간병, 돌보는 이가 직면한 다양한 어려움을 고민하게 한다. 선택과 결정하는 어려움, 이해받기 어려움, 간병 노동의 고통, 너무 적고 문턱 높은 사회적 지원, 마음에 찾아온 지진과 누적된 문제가 폭발하고 결국 극단으로 치닫는다. 간병 노동 종착점이 치유와 화해로 결말을 보려면 '곁'을 지키는 노력으로 가능하다. 그러니 존엄한 죽음이 무엇인지 묻는다. 삶의 마지막 시기와 삶의 질을 좌우하는 존엄한 죽음은 호스피스 완화의료가 대안 중 하나다. 죽음을 앞두고 깊은 성찰과 돌아봄으로 마주한 지난 삶에서 회상하고 화해한 가족관계를 경험한다. 그러면서 더욱 존엄한 죽음이 무엇인지 묻는다. 임종기를 판단하고, 연명치료를 중단하고 호스피스 완화치료를 제시한다. 결국 아픔과 죽음은 삶의 문제이며, 경험 당사자에 기반해서 제도와 정책을 수립할 필요성도 강조한다. 오랜 시간 '돌봄'을 실천했고, 가르쳤고, 또한 듣고 배웠던 경험과 이야기를 담담하게, 자세하게 그리고 감동 있게 전해 준 시간과 공간은 아픈 이와 함께 돌보는 이에게 큰 울림을 주는 강좌였다.

다섯째 강좌 주제는 '인권과 스포츠'다. "헤어질 결심"이란 제목으로 강의를 시작한 서강대학교 교수 정용철 선생님은 스포츠란 이름 아래 저지른 모든 부조리와 폭력과 헤어질 결심을 하라고 말하며 스포츠 핵심 정신은 '평화'라고 강조한다. 스포츠와 인권은 문자 그대로 불과 물처럼 함께 쓸 수 없으나 유독 우리나라에서 사용하는 까닭은 엘리트 스포츠와 성공 지향 방식 운영으로 발생하는 반인권적 상황 때문이다. 스포츠계 부조리한 상황이란 선수 폭행을 당연하게 여기며 성적과 결과를 중시하는 풍토

7

때문이다. 코치나 감독에게 폭행당하며 기절하기도 하지만 성적과 결과가 보여주는 보랏빛 환상은 폭력 대물림으로 악순환한다. 스포츠혁신위 활동으로 대안을 마련했지만, 다시 과거로 회귀하며 좌절한다. 하지만 스포츠가 부조리와 부정적 측면만 있는 건 당연히 아니다. 스포츠는 '평화'다. 상대 선수나 상대 팀이 최선을 다해서 경기에 임하는 모습에 비추어 자신이 가진 최대치를 끌어올리고 서로를 응원하고 경외감을 표한다. 자신을 깊이 들여다보도록 체육인 글쓰기를 하며 각자 개인 서사를 발견하도록 이끈다. 부조리와 폭력 대물림을 끊고 스포츠가 지닌 연결하는 힘, 연대하는 힘, 전복하는 힘에 주목하도록 이끈 강좌였다.

여섯째 강좌 주제는 '인권과 음악'이다. 강의를 맡은 작가 지강유철 선생님은 "음악의 두 얼굴"이란 제목으로 강의를 시작했다. 아주 정성껏 준비한 강의 자료를 미세하게 떨리는 목소리로 읽어나간다. 음악이 지닌 두 얼굴과 이면에 대해 홀로코스트 가해자와 피해자 목소리와 행동에 관한 증언과 기록으로 생생한 이야기를 들려준다. 처음 듣는 이야기가 너무도 많아서 놀라며 더 집중했다. 독일 나치에게 온갖 폭력으로 고통받고 죽음을 맞았던 유대인은 폭력으로 그리고 '음악'으로 고통받았다. 시도 때도 없이 나오는 '음악', 모든 일상을 '음악'으로 통제받았다. 이 엄혹한 상황에서 가까스로 살아남은 생존자 성악가는 이후 어떤 노래도 부르지 않았고 어떤 콘서트에도 가지 않았다. 이 말에서 그때 상황이 어떠했는지 그저 짐작할 따름이다. 음악이 지닌 양면성과 두 얼굴에 관해 생존자 목소리, 역사와 철학, 영화와 연주를 통해서 전한 강좌는 다시 음악을 돌아보게 한다. 부조리한 세상에서 음악으로 견디는 지혜를 찾도록 이

끄는 강좌였다.

일곱째 강좌 주제는 '인권과 종교'다. 미국장로교PCUSA 선교동역자인 김지은 선생님은 "다행이다, 다양해서"란 제목으로 강의를 시작했다. 이민자로 살았던 경험을 설명하며 미국장로교PCUSA 경험과 지혜, 미국장로교 세계선교부 동아시아 책임자로 활동하는 내용도 소개한다. 인권에 주목하며, 다양성과 포용, 사회정의와 평등에 관심을 두고, 여성과 청년과 유색인종 리더십을 강화하는 여러 시도를 소개했다. 대의제를 구체적으로 실천하여 청년 장로와 청소년 장로도 있다니 당연하다는 생각보다는 놀랍다. 90% 이상 백인 교인 분포에도 백인이 아닌 교인이 교단 리더십을 지니고 활동한다. 강의 중 인상적인 용어를 꼽아보면 마태복음 25장 교회Matthew25 Church와 1,001 예배 공동체1,001 Worshiping Communities 그리고 각양각색 화려한 모습으로 진행하는 총회 모습이다. 마태복음 25장 교회는 인종차별을 반대하고 빈곤 문제를 해결하려는 사역이다. 1,001개 예배 공동체 사역은 사회 곳곳에서 다양하고 새로운 시도와 실험을 하는 예배 공동체를 발굴하고 지속 가능하도록 지원한다. 이민자로 살아본 경험과 여정이 낯선 사람과 다른 목소리를 내는 사람에 주목하고 연대할 힘이 있다고 강조하는 강좌였다.

여덟째 강좌 주제는 '인권과 공동체'이다. 명상춤 마이스터 이종희 선생님은 "홀로 그리고 함께"란 제목으로 워크숍을 시작했다. 평소와 달리 동그라미 원circle으로 의자가 놓인 걸 보고 놀라거나 당황하는 참여자도 있다. 강좌를 시작하며 공유공간 전등을 끄고 간접 조명과 촛불에 의지해서 명상춤 동작을 의미와 함께 배우기 시작했다. 명상춤은 춤으로부터 자기 중심의 고요한 순간을 만들어 성찰하고 새로워지는 걸 느끼는 것이다. 자신에게 집중하는 순간, 공동체 원 안에서 자기 자신 중심으로 들어가는 순간에 주목한다. 공동체가 하나가 되는 즐거움을 경험하는 강좌였다.

'인권과 공동체' 강좌는 아쉽게도 글로 표현할 수 없어서 2023년 11월 5일부터 16일까지 12일간 프랑스 남부와 스페인 북부로 순례를 다녀온 다문화평화교육연구소 박흥순 소장의 순례기를 대신 싣는다. 순례를 시작한 순간에서 다시 돌아올 때까지 여정을 간략하게 기록한 글이다.

다양한 사회적 이슈와 주제가 '인권'과 밀접하게 관계가 있으며, 그와 같은 이슈와 주제에 깊이 관심을 두고 연구하고 활동해 온 학자와 전문가와 활동가 목소리를 직접 듣는 일은 '인권 서로 배우기'가 주는 선물이다. 30명 내외로 모이는 소규모 강의는 강의를 맡은 선생님과 참여하는 시민 사이 거리를 아주 가깝게 만든다. 현장에서 들려준 목소리와 표정과 호흡을 모두 책에 담을 수 없지만, 강의 원고를 모아서 단행본으로 출간하게 된 것은 그나마 다행이다. 강의뿐만 아니라 강의 원고도 기꺼이 내어놓고 다른 사람과 공유하려는 강사 선생님 덕분에 이 책 출간이 가능했다. 이 자리에서 고마움을 담아 인사를 전한다.

벗과 함께 걸으며 더불어 사는 세상을 상상하고 제안하는 강의에 자발적이고 적극적으로 참여하는 시민이 있어서 든든하다. 지난 6년 동안 '인권 서로 배우기' 시간과 공간을 기대하고 기다리며 지지하고 응원해 준 모든 시민이 있어서 고맙다. 빛고을 광주에서 평화교육과 인권 교육 그리고 다문화 교육으로 함께 사는 세상을 꿈꾸며, 그 꿈을 실현할 수 있도록 응원하고, 지지하고, 후원해 준 단체회원과 개인 회원에게 진심으로 고마움을 전한다. 덕분에 강좌를 개설하고 책을 출간할 수 있다.

2024년 10월 9일
예술길에서 다문화평화교육연구소장 박흥순

제1강_인권과 평화

'나는 내 숨을 쉰다'

홍순관·가수

가장 쉽고 확실한 혁명은

내 숨을 쉬는 생활을 시작하여 지속하는 것이다.

그러나 자기다운 숨을 쉬는 것은 그리 쉬운 일이 아니다.

시류에 떠밀려가지 않고 제 뜻을 세워 굳세게 서야 한다.

그리하여

제 숨을 쉬는 일상보다 단호하고 아름다운 저항은 없다.

1

꽃은 꽃 숨을 쉬고

나무는 나무 숨을 쉰다

아침은 아침 숨을 쉬고

저녁은 저녁 숨을 쉰다

'평화란 무엇일까?' 35년을 넘게 노랫길을 걸으며 묻고 또 물었던 물음이다. 이 시간 동안 줄곧, '평화'를 화두로 삼고 노래를 불렀으니 마땅하고 자연스러운 질문이다. 내가 생각하는 평화는 '내 숨을 쉬며 사는 것'이다.

내 숨을 쉬며 사는 것이 뭐 그리 어려운 일일까. 그러나 숨이 막힐 지경에, 숨 쉴 겨를도 없고, 숨 좀 제대로 쉬면서 일하고 싶다는 푸념과 한숨이 가시지 않는 것이 우리 삶이다. 시간이 촘촘한 도시뿐만 아니라, 비교적 느슨한 시골구석 안에도 빠듯한 삶은 현실로 드러난다. 물론, 도시에 비해 자연이 풍성한 시골에서는 이런 불만과 후회가 조금 줄어들 것이나, 나름대로 살펴보면 크게 다르지 않다.

평화롭게 살고 싶은 인간은 왜 이렇게 수천 년을 내려오는 동안에도 제대로 숨을 쉬며 사는 평안한 삶을 누리지 못하는 걸까. 그 대답은 어쩌면 간단하다. 자연처럼 살지 않기 때문이다. 자연처럼 '쉽게' 살지 않기 때문이다. 계절이 제 숨을 쉬고, 아침과 저녁이 제 숨을 쉬고, 해와 달이 제 숨을 쉬듯 자연스러운 삶을 살지 않는 까닭이다. 남의 삶을 침범하고 제 구역을 더 넓히려고 하는 까닭이다. 더 가지려고 하고, 더 커지려고 하고, 더 빠

1995년 정신대(일본군 강제위안부) 할머니 돕기 '대지의 눈물' 100회 공연.

르게 살려고 하는 온갖 욕심이 떠나지 않기 때문이다. 문명의 진화가 자연 (스러움)에서 멀어지고 있다.

『창세기』라는 책을 빌리자면, 창조주가 세상을 만드시고 맨 나중에 인간을 만들며 그 코에 '하나님의 숨'을 불어넣으셨다고 했다. 그렇다면 당

2000년 동경 국제 법정 공연.

연히 인간은 창조주의 숨을 쉬어야 한다. 어떤 숨인가? 만물을 다 만드신 후, '세상 모든 만물과 잘 사귀면서 더불어 함께 살라'고 했으니 '각각의 숨'들을 인정하고, '스스로의 숨'도 잘 쉬면서 살라는 말씀 아닐까! 그러나 인간은 '다른 숨'들을 외면하며, '내 숨'도 흐트러뜨렸으니 마침내 세상의 숨은 엉켜버렸다.

첨단을 치닫는 문명의 속도와 그로 인한 비만은 넉넉히 도를 넘는 지경에 이르렀다. 반성은 희미하고 각성도 흐릿하다. 회복이 가능하지 않은 시대다. 인간사회에 평화가 깨진 것은 그리하여 당연한 결과다.

2
자연스러운 것이 평화다

처음 노래(성악)를 배운 건 중학교 때 음악 선생님에게서다. 꼬박 3년 간 긴 여름에서 초가을이 되기까지 연습했던 시간은, 지금 노래를 부르며 사는 내게 더할 수 없는 뿌리가 되었다.

"자연스럽게 노래해야 해. 그냥 너에게서 나오는 대로 불러, 너 생긴 대로 노래하는 거야~!"

목으로 나오는 소리에 억지를 쓰거나, 부자연스러운 기교는 아예 처음 부터 쓰지 않도록 가르쳐 주셨다. '그냥 나오는 대로'의 목소리를 강조하 셨고 나도 그것이 참 좋았다. 그러나 '그냥'이라는 것이 얼마나 어려운 건 지도 그때 알게 되었다. 또 그것이 얼마나 아름다운 건지도 두고두고 배우 고 있다. 꼭 노래뿐 아니라, 그것은 살아가는 일에서 진중한 교훈과 명쾌 한 잣대가 되었다.

자연스럽다는 말은 직선보다는 곡선에 가깝다. 괴테는 '자연은 곡선'이 라고 말했다. 달팽이도, 달도, 해도, 나뭇잎도, 강도, 산도, 꽃잎도, 새도, 새 둥지도, 거미줄도, 메아리도 모두 곡선이다. 그렇다면 숨도 곡선이겠 다. 숨도 자연이니까. 그리하여 또 한 번 자연스러운 숨으로 사는 것이 좋다는 생각이다.

노래 부르는 일도, 글씨 쓰는 일도, 집을 짓는 일도, 일상을 사는 일도 자연스럽다면 경지에 이른 것이다. 자연스럽다는 말은 얼마나 좋은가.

2005년 10월 뉴욕 링컨 센터 공연.

어색함도 거북함도 없는, 숨 쉬듯 밥 먹듯 나무가 그늘을 만들 듯 사는 일이다. 아침이 저녁이 되고, 노을이 아침이 되는 자연스러움이 평화다. 그러나 자연스럽다는 것은 사실 오래되지 않으면 아니 되는 일이다. 지구도 하루라면 낯설고 어색할 것이다. 지구가 끝도 없이 돌기에 철없는 인간 문명을 대하며 가없는 자비가 가능한 것이다.

　오래된 벗이 오래가고, 오래된 노래가 오래가고, 오래된 음식이 오래가고, 오래된 집이 오래간다. 오래된 것이 오래간다. 오래된 자연스러움은 평화롭다.

2007년 6.10항쟁 20주년 기념공연.

3
내 숨 쉬는 것이 인권이고
내 숨 쉬는 것이 평화다

  신동호 시인은, '농현弄絃은, 국악엔 있고 삶엔 없다'라고 슬퍼한다. 국
악에는 연주자의 감성과 느낌에 따라 그 울림이 바뀌는 '농현'이라는 것이
있다. 세밀하게 다른, 과감하게 다른 울림이다. 그러나 우리가 사는 삶에

2007년 인혁당 32주년 서대문형무소 야외무대.

는, 현실에는, 일상에는 없
다는 말이다.

　도무지 편협한 삶이다.
생각이 없는 삶이다. 좌와
우만 있고 나와 다른 생각을
가진 자들은 모두 적이 되는
살벌한 사회다. 그러나 생
각해 보면 하루에도 열두 번
바뀌는 것이 사람이다. 아
침 생각 다르고 저녁 생각
다르다. 어제 생각 다르고
오늘 생각 다르다.

　사람의 삶은 당연히 농현과도 같은 울림이 시간마다 일렁이고, 다른
생각들이 물결처럼 오고 간다. 그래야 평화다. 사람을 하나로 만들어 버
리는 문화는 어떤 나쁜 문화보다도 나쁜 문화다.

　이를테면, 학교 교정에 세워놓은 동상이 죄다 이순신이어야 하는 까닭
은 없다. 중요한 자리마다 '장군(이라는 형상)'을 동상으로 세워놓았다.
맥아더, 강재구, 계백, 화랑 관창, 을지문덕, 강감찬, 김유신, 증발 장군
… 80년대까지 대한민국 곳곳에 세워놓은 동상은 거의 다 전쟁했던 장군
들이다. 이런 현상은 군인이 정치해야 하는 명분을 은연중에 강하게 만들
어 준다. 그 시대에 다른 동상을 거의 찾기 보기 어려웠던 까닭이다. 뭐,
내 상상이지만, 아마 크게 틀리지 않았을 것이다.

2008년 4대강 반대 공연.

　군부독재 시대를 지난 오늘날에는 도시 여기저기에 그나마 다양한 조
형물이 눈에 들어온다. 하지만 아직까지도 자라나는 학생이 생활하는 학
교 운동장에는 여전히 이순신 장군 동상이 압도적으로 많다. 세심하고도
창의적인 교육철학이 오늘날 교육부에도 부족하다는 말이기도 하다. 자
연스럽지 않은 일이다. 자라나는 아이들에게는 상상력과 창의력 그리고
아름다운 발상이 샘솟게 하는 교육이 당연하고 절실하다. 그것은 교실
안에서 가르치는 교사의 몫이기도 하지만, 그 외에 설치와 형상으로 보이
는 '이미지'들이 큰 몫을 차지한다. 미술과 건축이 삶에 미치는 영향력은
생각보다 크다. 시와 음악도 그렇지만 실제 삶에서 누구에게나 눈에 띄는

2005년 10월 뉴욕 링컨 센터 공연.

미술은 그 영향력이 치명적이다.

　몇 년 전, 모 방송국에서 책을 선정하여 소개하는 프로그램이 있었다. 어찌어찌하여 책이 선정되면 그 책을 쓴 작가의 통장에는 갑자기 저작권료가 쌓이기 시작한다. 대개 가난한 작가에게는 엄청난 유혹이 아닐 수 없다. 팔자를 바꾸는 것까지는 아니더라도 좀 넉넉한 숨을 쉬며 편안한 마음에서 또 다른 책을 쓸 수 있는 절호의 기회이기 때문이다. 그런데 어느 작가가 주어진 이 기회를 날려버렸다. 물론, 스스로 선택한 일이었다. 이유는 간단했다. '독자가 책을 선택하는 자유(권리)를 빼앗는 일'이라고 했다. 이런 디테일한 인권운동도 드물 것이다. 그는 이 달콤한 유혹에 단호했다. 『몽실 언니』, 『강아지 똥』을 쓴 권정생이다. 참 선생다운 선택이었다. 선생은 몹시 아픈 몸을 가지고도 그렇게 단출하고 검소하고 명쾌하게 살았다. '제 숨'을 쉰 평화로운 선택이었다. 이렇게 깔끔하고 유쾌한 '내 숨 쉬기'란 결코 쉬운 일이 아니다.

시류에 휩쓸리지 않고 의젓하고 태연하게 버텨야 한다. 일상에 내 숨을 쉬며 사는 것만큼 아름다운 저항은 없다. 내 숨을 쉬는 것은 가장 쉬운 것 같지만 또 가장 모질고 어려운 혁명이다. 그리하여 끝끝내 내 숨을 쉬는 것이 평화다.

4
내 숨 쉬는 인생을 살기 위해서는
'상상력' '유연성'
그리고 '한가로움'이 절실하다

상상력

이탈리아 중부지방에 토스카나라고 하는 시골에서 자란 레오나르도 다빈치는 왼손잡이였다. 만약, 그가 도시로 나가 정규교육을 받았다면 오른손잡이로 살았을 것이다. 당시—관념적인—교육은 왼손잡이를 허용하지 않았다. 그 교육이 다빈치를 건드리고 개조시켰다면 수많은 그의

2009년 용산 참사 현장 평화 행진 공연.

상상력을 우리는 만나지 못했을지도 모른다. 노트 1만 3천 쪽에 달하는
'다른 세상'들은 없었을지도 모른다. 그가 떠올린, '세상에 없던 세상'들이
태어나지 못했을 것이다.

한편, 다빈치가 노트에 남긴 상상력은 정작 그가 살아 있을 때는 단 하나
도 완성하지 못했다. 그러나 그것은 뒤에 올 세상에 보여준 '다른 한 우주'
들이었다. 그를 키운 건 학교나 교육이 아니었다. 토스카나 언덕과 들판
에 부는 바람이었다.

바람에선 상상력의 냄새가 난다. 어디서 오는지 어디로 가는지 모르는
바람은 그 존재 자체로 이미 상상력의 화두다.

자본주의를 벗어나지 못하는 것은 인류 전체가 상상력을 잃어버려서

다. 그다음 세상으로 건너갈 유일한 길은 '상상력'이다. "TV로 작업하면 할수록 신석기시대가 떠오른다"라는 백남준의 발칙한 상상력은 흥미롭다. 그는 TV를 혼자 차지할 수 없다고 생각했던 모양이다. '공동체적 구조'를 간절히 그리워한 까닭일 수도 있다. 지구 전체가 살아야 개인도 산다는 단순하고도 무거운 화두를 깨달았던 것일까.

독점하는 혹은, 막대한 자본으로 계급을 나눠버리는 구조를 뚫고 나갈 발랄하고 절절한 상상력에 우리는 모두 목마르다. 편리가 극에 달한 생활 방식과 사회구조는 도리어 우리의 상상력을 그물처럼 촘촘하게 덮고 있다. 어제도 오늘도 지구 시스템은 사뭇 지루하게 보인다. 댐 안에 갇힌 석학보다는 흐르는 물처럼 지구에 새롭게 오는 풋풋한 영혼에 기대할 수밖에 없을지도 모른다.

유연성

재물과 권력이 이렇게도 명확하게 나누어진 사회에서 유연성을 가지라는 말은 서민들에겐 폭력일 수 있다. 강요하기 어려운 말이다. 그러나, 그렇다 하더라도 이토록 무거운 인생을 뚫고 나갈 무기가 유연성만 한 것이 또 있을까? 이 세상 모든 것이 '내 것 아니다'라는 초연함과 이 세상 모든 것이 '다 내 것이다'라는 태연한 자존감이 절실하다.

지구가 둥글다고 했을 때, 그것을 말한 사람을 매장하고 마녀사냥 한 자들은 조직폭력배가 아니었다. 교회였다. 교회는 그만한 유연성이 없어 '바른말'을 한 사람들을 죽였다.

2011년 '춤추는 평화' 100회 기념공연.

나와 생각이 다르다고 적어도 사람을 죽여서는 아니 된다. '다른 생각'들이 밀물처럼 들어올 때, 가만히 숨을 쉬며 바라보고 돌아보는 유연성이 있어야 한다. 인간의 편협한 관념은 멀쩡히 돌고 있는 지구도 멈추게 한다. 마침내 인간의 유연성은 지구를 돌게 하여 아침을 만든다.

한가로움

상상력과 유연성이 사라진 까닭은 한가로움이 없어서라고 생각한다. 이 시대는 늘 행복을 꿈꾸면서도 자신에게 한가로움을 주지 않는다. 치웅

2013년 쌍용차 평택 공장 앞 공연.

痴翁 윤오영의 말대로, 한가로움이란 '시간과 마주 서 보는 것'이다. 시간을 창조해 나가는 위세를 떨 것도 아니요, 그저 시간에 실려 갈 것도 아니다.

지구 전체가 시간과 마주 서 봐야 한다. 이룩해놓은 '문명의 얼굴'과, 곁에 놓인 '편리의 윤리'를 거울처럼 마주 봐야 한다. 나와 마주 서서 내가 보인다면 지구의 안과 밖도 보이기 시작할 것이다.

상상력과 유연성을 가지려면 스스로 생각할 수 있는 시간이 꼭 필요하다. 그것은 한가로움이다. 게으른 시간이 아니다. 나를 꼼꼼하게 바라봐야 하고, 세상을 너그럽게 바라보아야 한다. 연민을 품고 내일을 바라보아야 한다.

5
외롭고
고통스럽고
위대한
노래

나는 꽤 긴 시간 평화를 화두로 삼고 노래했다. 열다섯 나라 수백 도시를 다니며 노래했다. 제주도, 울릉도, 강화도, 거제도, 독도. 남쪽으로는 오스트레일리아, 뉴질랜드, 북쪽으로는 캐나다, 서쪽으로는 독일, 오스트리아, 동쪽으로는 오키나와, 괌, 하와이까지. 또 러시아, 중국, 인도네시아, 필리핀, 베트남, 인도 땅에 들어가 노래했다. 아프지 않은 곳이 없었다. 사람이 사는 곳은 모두 아팠다.

태어난 나라 때문에, 처지와 형편 때문에, 정치적 자연적 환경 때문에, 식구들 때문에, 타고난 성격 때문에도 아픈 인생들이 많았다.

지구에 산다는 것은 슬픔을 견디는 일인지도 모른다. 슬픈 일이 기쁜 일보다 훨씬 더 많다. 아픈 것이 아름다운 것보다 더 정면으로 다가온다. 더 가까이 들어온다. 생각해 보면 당연하다. 누구도 내 일상을 대신할 수 없기 때문이다. 내가 숨을 쉬어야 하고, 내가 아파야 하고, 내가 먹어야 하고, 내가 겪어야 한다. 내가 살아야 한다. 살아 있는 까닭이다.

이렇게 슬프고 아름다운 일상을 노래하는 것이다. 사람의 눈물이, 그리하여 지구의 슬픔이 들려와야 한다. 그것은 봄 여름 가을 겨울이 오고 가는

2015년 세월호 500일 합창제.

소리를 듣는 것과도 같다. 귀 기울이지 않으면 들리지 않는 소리다. 꽃이 열리고 나무가 자라는 소리가 그렇다. 아이들이 자라나는 소리가 그렇다.

지구의 사정에 얼굴을 돌리고 노래한다는 것은 우는 사람 곁에서 춤을 추는 것과 다르지 않다. 노래를 부르기 시작하며 내내 고민하고 마음 쓴 것은 '어느 곳에서' '무엇을' '어떻게' 노래하는가였다. 뚝뚝 떼어내어 크게 보면, 정신대 일본군 강제위안부 관련 공연 '대지의 눈물' 10년, 결식 학생 돕기 공연 '소년의 밥상' 5년, 평화박물관건립공연 '춤추는 평화' 11년, 겹치는 시기를 그대로 놔두고 전체 시간을 보면 23년이었다. 그리고 환경공연 '착한 노래 만들기' 5년, 동요공연 '엄마 나라 이야기' 3년, 지구 평화공연 '저기 오는 바람' 2년도 겹치거나 그 이후의 공연들이다.

30대, 40대, 50대를 지나며 노래하는 전성기를 '모금공연'에 썼다. 아니, 몸과 시간을 쏟아부었다. 후회는 없으나, 허무함은 없지 않다. 무덤가의 정직으로 노래하겠다는 다부진 각오도 솔직한 속마음으로 들여다보면, 이뤄놓은 것이 없어 보이는, 그것이 절망감까지는 아니지만, 다소 허망함이 밀려올 때가 있다. 그러나 노래한 시간과 무대는 무엇을 꼭 이루려고, 보여주려고, 내세우려고 했던 일은 아니었다. 그 과정 속에서 자연스럽게 만들어지는 것이 있었다면 고마운 일이고, 아니면 그 시간만으로도 괜찮은 일이었다.

특히, '평화운동'은 평화로 사는 일이다. 스스로 평화로워야 한다. 평화에 대한 일을 늘어놓고 벌이는 것이 아니다. 시위, 세미나, 심포지엄, 공연, 토크콘서트, 워크숍, 콘퍼런스 등 평화에 대해 일을 하는 것이 아니라는 말이다. 평화 자체가 목적이요, 평화를 이루고 '살려는' 노력이 본질이요, 핵심이다. 평화에 대한 일만 하고 정작 자신도 주위도 '평화'가 없다면 아무것도 아니다.

나는 아무도 알아주지 않는 '노랫길'을 걸어왔다. '아무도'까지는 심한 표현이지만, 노랫길을 걸으며 현장에서 느꼈던 온도는 적어도 그랬다. 많은 나라의 경계를 넘어 수백 도시를 다니며 벌였던 수천 회 공연에서 '초청'을 받아본 적은 다만 몇 번이었다. 불과 다섯 손가락 정도. 물론, 그 길에서 도와주었던 수많은 사람의 손길이 없었다면 노랫길은 불가능했다. 그러나 걸을 때는 '혼자'였다는 말이다. 그 길은 혼자 걸어야만 했던 길이다.

몸집만 한 기타를 메고, 도리어 끌려다닐 만큼 번거로운 트렁크 2개에

2016년 8월 단원고 4.16기억교실 이전.

는 단출한 옷가지와 백 개도 더 되는 음반을 꾸역꾸역 넣을 수밖에 없었다.
항공료와 숙박비 마련을 위한 필수적이고 절절한 최소한의 짐이었다. 생
각해 보면 공연이 가장 쉬웠다. '정신대'라는 무거운 주제를 설득하고 공
연을 만드는 일, 기후와 환경을 말하며 무대를 만드는 일, 유일한 분단국
가에 찾아볼 수 없는 평화박물관에 관해 설명하는 일, 굶는 아이들을 우리
(어른들)의 잘못으로 설득해 공연을 만드는 일….

  청산하지 못한 역사와, 낡은 정치와 문명과 굳은 관념을 상대하는 일이
었다. 노래가 가장 쉬웠다. 쉽다는 것은 마음이다. 마음이 편했다는 말이
다. 노래와 공연을 하기 위한 앞일 뒷일은 우선 적성에 맞지도 않으며 까다
롭고 자존심이 상하는 일이었다. 무대가 쉬웠다. 쉽다는 것은 노래로 말
을 거는 일이었기 때문이다. 노래로 설득하는 일이었기 때문이다. 그것은

2018년 6·10민주항쟁 국가 행사 공연.

바로 노래꾼으로 마땅하고 신나고 설레는 일이었기 때문이다.

지구가 맞닥뜨린 문제를 안고 노래한다는 것은, 외롭고 고통스러운 일이다. 관객과 대중이 그다지 반가워하고 맞아주는 주제가 아니다. 아무도 시키지 않은 일을 사서 하는 일이다. 무엇보다 그런 현장을 나 스스로 평화롭게 품고 가야 하는 일이다. 만약, 그래서, 단 한 사람이라도 눈물을 흘렸다면, 미소를 지었다면, 무릎을 쳤다면, 고개를 끄덕였다면, 주먹을 불끈 쥐었다면, 눈을 감고 돌아봤다면 고마운 일이 아닐 수 없다. 그리하여 노래는 위대한 일이다.

6

평화는 격전지에 있다

평화는 격전지에 있다. 평화는 언제나 싸움터 한복판에 똬리를 틀고 있다. 화석에 무늬처럼 보수가 새겨진 땅 애틀랜타에서 평화운동가 마틴 루터 킹Martin Luther King Jr. 목사가 태어난 것은 이런 역설을 보여주는 하늘의 유머다. 벌레들이 득실대는 삭막한 흙 속에서 씨앗은 자란다.

2005년 1월 17일. 유일한 분단국가에 평화박물관을 짓겠다고, 아무도 아는 사람이 없던 곳, 애틀랜타를 향해 날아갔다. 그리고 평화박물관건립 모금공연 '춤추는 평화Dancing With Peace' 첫 공연을 올렸다. 킹 목사가 태

2018년 러시아 모스크바 국립 어린이도서관 공연.

2019년 윤동주 탄생 100주년 오사카 공연.

어난 역설의 땅, 그곳에서 평화공연을 시작하겠다는 생각이었다. 평화는 불평등과 무자비한 폭력으로 인한 분노 속을 헤치며 뚫고 나갈 때 만난다. 누군가가 치른 엄청난 희생 위에서 평화는 자란다. 그 상징적인 도시가 애틀랜타였다.

'우리가 아는바', 이 우주에서 가장 격전지인 지구에 신은 아들을 보내셨다. 그리하여 그분은 '평화이심'이 분명하다. 요란스럽고 번잡하고 천박한 지구라는 땅에 그 귀하고 아까운 외아들을 보내셨으니 '아버지' 하나님으론 그럴 수 없는 희생이요, 아픔이다. 그래서인지 '어머니' 보혜사 성령님이 늘 함께하시는지도 모르겠다. 그 아들은 이 지구 한복판으로 들어와 죽음 같은 고통 속에서 평화를 살아내셨다. 물과 피를 '다 흘린' 십자가의 무게는 가벼웠다. 인류의 '모든' 무거운 죄를 다 짊어지고 홀연히 떠나

셨다. 스스로가 무거운 존재였다면 이 많고 크고 무거운 죄를 어찌 다 짊어질 수 있을까. 사흘간 흘렀던 돌무덤의 침묵은 끝내 부활의 노래가 되었다. 그분은 이 격전지에서 정면으로 죽음을 안았고, 그리하여 생명을 낳았으며 인류에게 평화를 건네주었다.

평화를 노래한다는 것은 격전지로 들어가는 일이다. 그늘 속으로 들어가는 일이다. 아픔 속으로 들어가는 일이다. 외로움 속으로 들어가는 일이다. 그리고 그것들을 걷어내는 일이다.

7
전체를 보고 안다

노래 한 소절을 잘 부른다고, 노래 한 두 곡을 잘 부른다고 가수가 되는 것은 아니다. 공연 전체에서 노래 부르는 힘을 보고 가수인 줄 안다. 공연 전체를 끌고 가는 솜씨를 보고 가수인 줄 안다. 음반 전체를 들어보고 가수인 줄 안다. 또한, 몇 년을, 몇십 년을 어떻게, 무엇을 노래했느냐를 보고 가수인 줄 안다.

글씨도 그렇다. 몇 자를 잘 쓴다고 명필은 아니다. 작품 전체를 보고 안다. 글자와 글자, 행과 행, 문장과 문장이 어떻게 이어지고 또 어떻게 마무리되는지를 보고 글씨를 안다. 몇 년을, 몇십 년을 어떻게, 무엇을 써

2024년 미국 시카고에서 열린 세월호 10주기 추모 공연.

왔는지를 보고 글씨를 안다. 글쓴이와 글씨, 그 '전체'를 보고 글씨를 안다.

인생도 다르지 않다. 몇 가지 훌륭한 일이 두드러지고 돋보일 수 있다. 그러나 묘비명에 적힌 문장처럼 살다 간 인생은 없다. 어떤 날이요, 어떤 부분이다. 삶 전체가 그러한 것은 곁에서 함께 살던 사람들이 안다. 무엇보다 그 인생을 산 자신이 안다. 전체를 알기 때문이다.

평화는 가만히 그쳐 고요한 것이 아니다.
평화는 다른 생각들이 오고가고
싱거운 사랑이 꿈틀거리고
비장하지 않은 정의가 냇물처럼 흐르고
드러나지 않는 자비가 출렁이는 것이다.

'5·18' 단상 몇 가지

김상윤 · 윤상원기념사업회 고문

대관세찰大觀細察이라는 말이 있습니다. '크게 보고 섬세하게 살피라'는 뜻입니다. 지금 우리 시대는 큰 전환기에 들어섰습니다. 인류 문명의 대전환이 필수적으로 요구되고 있고, 세계 정치의 지형도 대전환기에 접어들었습니다. 그래서 '5·18 단상 몇 가지'에 앞서 두 가지 큰 이야기를 먼저 해볼까 합니다.

지구 곳곳에서 기후 위기에 대한 경고의 소리가 높습니다. 인류는 몇백 년에 걸쳐 지구를 약탈하여 풍요를 누렸습니다. 약탈이 지나쳐 이제는 지구라는 생명체가 더 이상 견디기 어려운 상황이 되었습니다. 지구 역시 살기 위해서 몸부림을 칠 수밖에 없겠지요. 태풍은 갈수록 거칠어지고 날씨는 더워지고 있으며, 북극과 남극이 녹아 육지에는 서서히 물이 차오르고 있습니다.

시베리아 동토가 녹으니 오랜 세월 파묻혀 있던 유기체가 썩어 메탄가스가 폭발하고 있습니다. 시베리아 곳곳에 거대한 싱크홀이 생겨나고 있고, 수만 년 동안 동토에 갇혀 있던 바이러스나 무서운 세균이 언제 지구를 덮칠지 알 수 없습니다. 많은 과학자가 회생 가능한 시간이 불과 몇 년 남지 않았다고 아우성입니다.

인류의 전 역사를 통해 '욕망'을 토대로 세워진 문명은 없었습니다. 그러나 자본주의 문명은 '소비가 미덕'인 사회입니다. 사람들이 멋대로 욕망을 추구해야 자본주의는 활발히 돌아갈 수 있습니다. 이제 욕망을 토대로 세워진 문명을 끝장내지 않으면, 인류의 삶이 끝장날 것입니다. 지금은 문명의 대전환기입니다. 시급히 소박한 삶으로 돌아가지 않으면 인류뿐만 아니라 모든 생명체가 대재앙에 빠질 수도 있다는 자각을 일상화해야 할 것입니다.

우크라이나와 러시아가 전쟁 중입니다. 그러나 많은 관측자가 이 전쟁은 대리전쟁이라는 사실을 잘 알고 있습니다. 해양 세력을 대표하는 미국이 나토북대서양조약기구, NATO를 활용하여 대륙 세력의 한 축인 러시아를 굴복시키려고 하고 있습니다. 우크라이나는 자기 나라를 전쟁터로 만들고 자기 국민을 싸움터로 내몰면서 미국의 이익을 위해 대리전쟁을 하는 것이지요.

미국은 우크라이나를 활용하여 러시아를 굴복시킨 후, 대륙 세력의 또한 축인 중국과 대결할 계획이었을 것입니다. 그러나 전세는 미국의 뜻대로 되지 않는 듯합니다. 서방 언론은 우크라이나의 승리를 보도하고 있으나, 다른 소식통은 이 전쟁이 미국의 뜻대로 진행되지 않는다고 보도하고 있습니다. 아니, 오히려 러시아와 중국이라는 두 대륙 세력의 협조가 가시화하고 있습니다.

해양 세력의 종주국으로서 미국은 아시아-태평양을 묶어 중국을 봉쇄하려고 합니다. 미국과 일본은 물론 인도 역시 그 울타리에 속합니다. 미국은 한국도 미·일 동맹의 하부구조로 잡아두기 위해 그동안 매우 큰 압력을 행사하고 있었습니다. 그러나 문재인 정부는 이러한 국제정치 상황 속에서 그런대로 균형을 잘 잡아 왔다고 볼 수 있습니다.

이른바 '대항해시대' 이후 스페인, 포르투갈, 네덜란드, 영국 그리고 일본 등 해양 세력의 주도권을 넘겨받은 미국은, 제2차 세계대전 이후부터 세계를 좌지우지해왔습니다. 그러나 지정학적으로 대륙 세력이 다시 일어서면 해양 세력은 더 이상 세계를 좌지우지할 수 없습니다. 해양 세력의 한 축이 되리라던 사우디아라비아나 인도는 이미 해양 세력권을 벗어났습니다. 해양 세력이 세계를 주도하던 시대는 곧 끝장날 가능성이 있습니다.

그런데 우리나라는 이 해양 세력과 대륙 세력이 동북아에서 맞부딪치는 위치에 있습니다. 그만큼 전쟁의 위험이 크게 도사리고 있는 곳이지요. 미국과 일본은 어떻게든 한국을 미·일 동맹의 틀 속에 잡아두려 할 것입니다. 여기에서 우리가 처신을 잘못하면 그동안 쌓아온 모든 성과가 한꺼번에 붕괴할 위험이 있습니다. 그야말로 백척간두에 서 있는 셈이지요. 6·25 한국전쟁으로 재미를 본 일본은 한반도에서 다시 전쟁이 일어나는 것을 크게 환영할 것입니다. 한반도에서 전쟁이 일어나면 일본은 다시 전쟁특수로 '잃어버린 20년'을 만회할 수 있다고 생각할지도 모르겠습니다.

김재규에게 박정희가 암살당한 후, 우리나라는 민주화의 길을 걷게 될지, 다시 군부독재의 길을 걷게 될지 기로에 서 있었습니다. 광주가 그때 외롭게 고립된 상태에서라도 쿠데타 무리와 맞섰기 때문에 지금의 우리가 존재하고 있습니다. '5·18'을 단순히 과거에 있었던 사건으로만 바라볼 수는 없습니다. 그래서 급변하는 세계 속에서 우리가 어떻게 살아야 하는지 잠깐 살펴보았습니다. 이제 우리 '5·18 단상 몇 가지' 이야기를 시작하겠습니다.

1. '민주화운동'인가 '민중항쟁'인가?

1980년 5월 18일 아침, 전남대 정문에서 시작한 대학생 시위는 계엄군의 무자비한 진압으로 말미암아 처절한 항쟁으로 불붙게 됩니다. 이 항쟁은 급기야 전라남도 일대로 확대되었고, 시민군은 스스로 지키기 위해 탈취한 무기를 들고 봉기합니다. '광주사태'로 명명된 이 봉기는 폭도가 북한군의 사주를 받아 일으킨 것이고, 김대중 중심의 내란음모에 의해 획책된 것으로 단죄받았습니다.

'전두환 반란군' 일당의 무자비한 학살 만행으로 시작된 이 항쟁은, 문민정부를 거치면서 공식적으로 승화되었고, 그 타협의 산물로 광주항쟁은 '광주민주화운동'이라는 어정쩡한 이름을 갖게 되었습니다.

그러나 '광주민주화운동'이라는 용어는 80년 5월의 의미를 제대로 드러낼 수 없는 표현이라고 생각합니다. 80년 5월은 광주의 모든 시민, 모든 계층이 참여하였지만, 운동의 주체는 민중지향적인 청년 운동권과 기층 민중이었습니다. 또한 운동의 성격은 계엄군의 만행을 보고 민중이 들고 일어나Uprising 항거하였기 때문에 항쟁이라고 부르는 것이 타당하다고 생각합니다. '5·18광주민중항쟁'이라는 용어는 때와 장소 그리고 운동의 주체와 성격을 포괄하는 올바른 표현이라고 생각합니다. '5월 18일 광주'에서 일어난 항쟁이므로 '광주'라는 이름을 넣는 것이 합당하지 않겠습니까? 여기에서 '광주'란 광주'만'을 지칭하는 것이 아니고, 광주 일대의 모든 항쟁을 총칭하는 용어입니다.

2. '광주정신'은 '민주·인권·평화'인가?

민주·인권·평화라는 가치는 아주 소중한 가치입니다. 그런데도 광주를 민주·인권·평화의 도시로 규정하는 점에 대해 한 번 따져보려고 하는 것은 정말 진정한 광주 정신에 꼭 포함되어야 할 가치가 누락되지 않았나 하는 생각 때문입니다.

언제부터인지 광주는 스스로 '민주·인권·평화'를 자신의 가치로 내세우고 있습니다. 정확한 것은 아니지만 광주가 스스로 '민주·인권·평화'의 도시를 자처하게 된 것은 5·18광주민중항쟁 20주년 때라고 합니다. 어떤 근거로 그렇게 규정하였는지 알아보고 싶었으나 아직 그 근거를 찾지는 못하였습니다.

그런데 20주년 이전에 '민족·민주 운동'의 기치는 '민주·자주·통일'이었습니다. 이 기치는 당시 우리 운동이 나아가는 방향을 나타내고 있었다고 볼 수 있습니다. 이것은 군사독재를 타도하고 외세의 영향을 배제하여 남북이 하나가 되는 통일을 지향하고 있었다는 것을 알 수 있습니다. 중요한 것은 그 이념이 모두 '광주 오월 정신'을 계승한 것이라고 주장되었다는 사실입니다. 일부에서는 '80년 오월에 무슨 통일이냐'라고 반론을 제기하였으나, 오월 정신은 80년 오월에 한정되는 것이 아니라 80년 오월 이후 계속된 운동을 통해 '계승'되는 것이라는 답변이었습니다. 그리하여 '오월에서 통일로!'라는 기치는 당시 매우 통절하게 민족의 염원을 외치는 구호가 되었습니다.

그런데 5·18광주민중항쟁 20주년이 되는 2000년은 민족적 염원보다는 시민운동적 가치가 전면에 대두되었을 때입니다. 일정 정도 절차적 민주주의가 성취되자, 운동은 체제 내적 운동으로 전환되었습니다. 시민운동가는 세계적 보편성에 주목하였고, 그들에게는 '민주주의와 인권 그리고 평화'라는 가치가 매우 소중해 보였을 것입니다. 그러니까 5·18광주민중항쟁의 가치가 '민주·인권·평화'로 규정된 것은 당시 시민운동적 가치가 반영된 것이라는 말이지요. 물론 외부에서 보기에 광주가 지나치게 '저항의 이미지'로만 알려지는 것에 대해 우려하는 마음도 있었을 것입니다. 그래서 좀 더 부드럽고 포괄적 용어를 선택했을 수 있습니다.

그러나 '민주·자주·통일'이나 '민주·인권·평화' 모두 5·18광주민중항쟁의 가치를 제대로 드러냈다기보다는 당시 운동의 가치를 5·18광주민중항쟁의 이름으로 포장한 것이 아닌가, 그런 의구심이 드는 것도 사실입니다.

제2차 세계대전이 끝난 후 거의 모든 식민지는 독립하였습니다. 그러나 독립한 나라는 또다시 '개발독재'라는 혹독한 시련에 시달려야 했습니다. 독재자는 장기집권을 위해 특정한 '계급'을 차별하고 특정한 '지역'을 차별하는 방법을 썼습니다. 특정한 지역이 나라에 따라 특정한 종교나 특정한 인종이 되는 예도 있었지만, 특정한 계급과 특정한 지역을 차별하는 것은 제3세계 여러 나라의 공통적 현상이었습니다.

유신체제의 붕괴를 전후하여 일어난 부마항쟁과 광주항쟁은 제3 세계의 일반적인 현상이 표출된 것입니다. 부마항쟁은 계급적 모순이 폭발한 측면이 강하고 광주항쟁은 지역적 모순이 폭발한 측면이 강합니다. 그런 의미에서 부마항쟁과 광주항쟁은 유신체제가 만들어낸 쌍생아라고 할 수 있습니다.

5·18광주민중항쟁은 30년 넘게 지속된 지역 차별 때문에 폭발한 것입니다. 그 차별을 철폐할 가능성이 김대중에게, 다시 말해 민주화로 가능하다고 믿었던 지역민이 그 가능성이 무참히 꺾이자 분연히 들고 일어난 것입니다. 그러니까 '가혹한 차별에 대한 저항정신'은 5·18광주민중항쟁의 빼놓을 수 없는 가치가 되는 것이지요. 더 추상화하여 표현하면 평등이나 정의 같은 말로 다듬을 수 있겠지요. 옛날부터 광주 스스로 '의향義鄉'으로

자처해 왔던 대로 '정의'라는 가치를 제외하고 5·18광주민중항쟁의 가치를 말할 수 없다고 생각합니다.

몇 년 전에 전남대학교는 교정 안에 '민주길'을 만들었습니다. '민주길'은 '정의길'과 '인권길' 그리고 '평화길'로 이루어져 있습니다. 처음에는 민주길, 인권길, 평화길이라는 이름으로 정했으나, 여러 논의를 거쳐 다시 정의길, 인권길, 평화길로 명명하고, 이 세 길을 묶어 민주길로 명명했습니다. 매우 훌륭한 결정을 내렸다고 생각합니다.

왜 광주가 정의라는 말을 쓰는 것에 대해 부담스러워하는지 잘 모르겠습니다. 전두환 반란군 세력이 정권을 잡고 만든 정당 이름은 '민주정의당'이었습니다. 천주교에는 '정의평화위원회'와 '정의구현전국사제단' 같은 좋은 조직도 있습니다. 광주는 옛날부터 자신을 '예향'과 '의향'으로 불렀습니다. 그 '의향'은 바로 '정의의 도시'라는 뜻이 아닐까요? 5·18광주정신을 말하면서 '정의'를 뺀다면 정말 안 된다는 말씀을 간절히 드립니다.

3. 종합계획이 필요하다

아시아문화전당에는 원래 '민주평화교류원'을 설립하도록 설계되어 있었습니다. 그런데 그에 앞서 김영삼 정부는 구 도청을 '5·18기념관'으로 만들겠다고 했습니다. 결국 노무현 정부는 타협안으로 '아시아 문화 중심 도시' 조성을 위해 아시아문화전당을 만들되, 구 도청은 '민주평화교류원'

을 만들어 5·18의 상징 공간 역할을 하게 한 것이지요. 그러니 민주평화교류원은 5·18기념관의 역할과 동시에 5·18이 세계와 소통하고 교류하는 공간으로 설계되었던 것이지요.

그러나 문제가 생겼습니다. 정부에서는 민주평화교류원이 무엇을 할 것인지 그 내용을 확정하기도 전에, 구 도청 공간에 5·18을 상징하는 기념조형물 만드는 일을 먼저 시작했습니다. '민주평화교류원에서는 이런 일을 하는데, 그런 일을 하려면 이런 기념조형물이 필요하다'라고 해야 순서가 맞는데, 우선 기념조형물부터 만드는 일을 하다가 큰 문제에 봉착하게된 것이지요. 결국 '왜 이 장소에 이 기념조형물이 있어야 하는지' 그 이유를 확실하게 하지 못했기 때문에, 기념조형물의 형태가 전면에 두드러져 진흙탕 싸움이 되었던 것이지요.

결국 엄청난 비용을 들여 만들어진 조형물은 해체되고, '도청 원형 복원'이라는 원론으로 다시 돌아가고 말았습니다. 이 때문에 그동안 아시아문화전당 조성 사업 자체가 지지부진하게 되었고, 이제 아시아 문화 중심도시 조성 사업 자체가 새로운 조정 국면을 맞게 되었습니다. 나라와 지역이 입은 손실은 참으로 막대하다 할 수 있습니다.

다행인 것은 민주평화교류원의 기능이 사라져 버린 것이 아니라 다시 진행되고 있다는 사실입니다. 그러나 국가에서 민주평화교류원에서 무슨 일을 할 것인지 아직도 계획은 세워져 있지 않은 것 같습니다. 국가에서 민주평화교류원 계획을 시급히 만들 수 있을까요? 그런 의욕은 있나요?

광주시는 구 광주교도소에 (명칭이 맞는지 모르겠으나) '광주민주콤플렉스'를 만들 계획이 있었습니다. 그런데 국가 계획이 변경되는 통에 광주민주콤플렉스 계획도 갈팡질팡하는 것 같습니다. 한때 광주시는 민주화운동기념사업회에서 만드는 '한국민주주의전당'을 유치하기 위해 유치위원회를 만들어 활동하기도 했습니다. 제가 위원장을 맡아 국회에서 토론회도 했고, 민주화운동기념사업회 정성헌 이사장 때는 서울, 광주, 마산을 삼각 축으로 하여 세 곳에 '한국 민주주의 전당'을 만들기로 합의하기도 했습니다. 그러나 광주민주콤플렉스에 한국 민주주의 전당의 기능을 포함한다는 전제 아래 한국 민주주의 전당은 서울에 건립하는 것으로 결론이 났습니다.

이용섭 시장은 후보 시절 공약으로 '광주민주평화재단을' 설립하겠다고 했습니다. 그러나 지금 광주민주재단은 아무런 진척도 없습니다. 광주민주재단은 '광주가 너무 5·18에 매몰되어 있는 것은 아닌가' 하는 반성에서 출발한 것입니다. 광주는 5·18 이전에도 민주화운동이 있었고, 5·18 이후에도 민주화운동이 힘차게 진행되었는데도 모든 운동이 5·18로 수렴되는 것은 문제가 있지 않나 하는 의식에서 출발한 것입니다. 광주에서는 5·18기념재단과 광주민주재단이라는 쌍두마차가 광주민주화운동을 대표하게 만들자는 취지인 셈이지요. 그런데 이 일도 지지부진합니다. 왜 이럴까요?

민주평화교류원, 광주민주콤플렉스, 광주민주재단 등 말만 무성하지 단 하나도 제대로 진행되는 모습이 보이지 않습니다. 게다가 '5·18기념관'을 반드시 건립할 계획이라면 또 어떻게 일이 진행될지 걱정스럽지 않습니까?

그런데 여기에 또 다른 문제가 도사리고 있습니다. 계획된 기구마다 내용이 확실치 않기 때문에 서로 중복된 일을 계획할 수 있습니다. 민주평화교류원이 하는 일을 광주민주재단에서도 할 수 있고, 광주민주콤플렉스가 하는 일을 광주민주재단이 할 수도 있습니다. 그래서 광주시는 비록 국가사업이기는 하지만 민주평화교류원을 포함하여 민주화 기념사업에 대한 종합계획을 수립해야 한다고 주장하는 것입니다. 그 종합계획이 확정되면 일이 좀 더디더라도 결국 모든 계획이 서서히 집행되지 않을까 하는 생각입니다.

4. 연대의 길

광주는 인류사회를 위해 '해야 할 몫'이 있는 도시입니다. 아시아문화중심도시 조성사업은 광주가 '해야 할 몫'에 상응하는 역할을 할 수 있습니다. 저는 '아시아문화중심도시'의 목표를 세 가지로 상정합니다.

첫째, 광주 문화수도를 만드는 일입니다. 노무현 대통령은 수도권 중심의 현 체제는 대한민국을 망친다고 보았습니다. 국가가 균형을 찾으려면 수도권의 힘을 지방으로 분산시켜야 한다고 보았지요. 이른바 국가 균형발전 정책이 등장하는 배경입니다.

수도권은 이미 '경제수도'이고, 경상도는 '물류수도', 충청도는 '행정수도', 호남을 대표하는 광주는 '문화수도'로 만들겠다는 개념은 그야말로 국가균형발전을 위해 제시한 큰 그림이지요. 당연히 광주 문화수도는 충청도의 행정수도와 마찬가지 비중으로 호남 일대에 큰 파급효과를 내야 하는 밑그림인 셈이지요.

그런데 광주는 스스로 광주 문화수도가 호남을 경제적 낙후에서 벗어 나게 하는 구체적인 계획을 짜지 못하고 말았습니다. 문화를 통해 어떻게 '호남 30년 경제적 차별을 극복할 수 있는지 지혜'를 짜내지 못했습니다. 그러다 보니 '문화경제적'인 접근을 거의 하지 못한 채 '문화'라는 테두리 에서 아시아문화중심도시를 조성하려는 아주 소극적인 행보를 보이고 말았습니다.

아시아문화전당 내부를 자세히 들여다보면 큰 수익모델은 별로 보이 지를 않습니다. 아시아문화전당을 통해 광주가 호남의 경제적 낙후를 극 복할 수 있겠다고 생각하는 사람들은 아마 한 명도 없을 것입니다. 광주 문화수도가 제대로 자리를 잡지 못한다면 호남은 국가균형발전 정책 때 문에 더욱 소외되는 현상에 빠질 수도 있습니다. 아시아문화중심도시 조 성 사업의 첫 번째 목표는 광주 문화수도를 진정으로 완성하는 것입니다.

둘째, 한국문화산업의 중심이 되는 것입니다. 광주 특히 광주 문화계가 '문화경제적'인 접근을 못 하고 있었던 반면, 과학계 접근은 달랐습니다. 광주과학기술원의 우운택 교수는 문화콘텐츠기술연구소CT 연구소를 광주 에 설립해야 한다고 주장했습니다. 당시 문광부 김종민 장관은 '3만 평의 부지에 1,300억 원을 들여 건물을 짓고, 박사급 연구원 400명, 행정요원 100명, 1년 경상비 1,000억 원의 CT연구원을 광주에 설립하는 계획'을 수립하고 노무현 대통령의 재가를 받았습니다. 이 CT연구원 설립을 위해 광주과학기술원에 CT연구소가 설립되었고, 이어서 CT연구원은 2017년에 개원하기로 확정되었습니다. CT연구원이 설립되어 가동된다면 광주는 명실공히 한국 문화산업의 중심이 될 수 있을 것입니다. 그러나 지금도 CT연구원은 지지부진한 상태입니다.

이런 문제를 광주시가 차분하고 끈덕지게 대응하기 위해 '문화부시장' 또는 '문화경제부시장' 제도를 두어야 한다고 저는 오래전부터 주장해 왔습니다. 문화경제부시장은 상당히 독립된 체제를 가지고 시장이 바뀌는 것에 상관없이 '광주가 문화로 먹고살고', 그 파급효과가 호남 일대에 퍼져나가도록 하는 장기 계획을 수립하고 실행하는 일을 해야 할 것입니다.

지금 광주시 문화경제부시장이 그런 일을 하고 있는지 묻고 싶습니다. 혹시 경제 부처의 연줄을 이용해 예산이나 많이 가져오는 노릇만 하는 것은 아닌가요?

셋째, 아시아문화중심도시의 세 번째 목표는 광주가 명실공히 아시아 인권의 중심도시가 되는 것입니다. 이 일을 수행하기 위해 민주평화교류원이 활발히 움직여야 합니다. 할 수 있다면 '아시아인권위원회' 같은 국제적 기구도 광주로 옮겨올 필요가 있습니다. 민주평화교류원이 적어도 아시아의 민주주의와 정의, 인권, 평화를 위해 제 역할을 다하면, 광주의 최대 자산이자 가치인 구 도청은 5·18과 함께 찬란한 빛을 발하게 될 것입니다. 최근에 홍콩에 있는 아시아인권위원회가 본부를 광주로 옮기겠다고 결정하였습니다. 참으로 잘된 결정입니다. 대환영입니다.

그러나 '민주 성지'이자 정의, 평화의 도시인 광주가 세계와 소통하는 통로는 더욱 크게 확대할 필요가 있습니다. 노벨상은 대단히 훌륭한 상이지만, 강대국의 잔치에 그치는 경우가 많습니다. 시급히 제3 세계라 불리는 주변부 국가를 위해 국제적인 큰 상을 만들어야 합니다. '광주'라는 정의로운 이름을 가지고 있는 대한민국은 여러모로 강대국의 노벨상 못지않은 국제적 상을 만들 수 있는 나라입니다. 국가는 나중에 참여하더라도 광주가 먼저 제3 세계 노벨상에 해당하는 '광주평화상'과 '광주예술상'을 만들었으면 합니다. 상금도 노벨상보다 더 많아야 합니다.

광주평화상이나 광주예술상은 오래전부터 광주가 '의향'과 '예향'의 도시라는 것을 세계만방에 알릴 것이며, 5·18광주정신을 통해 세계와 연대하는 큰 통로가 될 것입니다.

자동차와 에이아이AI 그리고 에너지 등은 우리의 먹고사는 수단이 될 수 있겠지요. 그러나 5·18이 있고 아시아문화중심도시가 있으니, 광주의 미래는 역사와 문화라는 두 축으로 세워야 하지 않겠습니까? 역사와 문화는 우리가 그렇게 자랑스러워하던 의향과 예향의 전통을 그대로 반영하고 있습니다.

현효 – 내 마음속에 파고든 거대한 에너지

김상연·시각예술가, 작가

아득함이라는 기묘한 이야기

미술대학 본과 졸업작품전(1992년) 도록에 아랫글과 같은 비슷한 내용을 기록한 적이 있다. 아주 어렸을 적(아마도 4~5세 정도였으리라 짐작)이었다. 농촌 시골 마을에서 살던 햇볕이 따뜻한 어느 봄날, 혼자서 집을 나와 정신없이 놀다 보니 날은 저물고 있었다. 불현듯 집에서 까마득히 멀리 와버린 탓일까? 처음으로 생소한 거리감과 어둠의 신비한 두려움을 알게 되었다. 어떻게 말로 형용할 수 없는 두려움과 설렘 사이 혼자만의 세상 바라보기는 아마도 그때부터였으리라. 내가 살던 집은 개미허리로도 감출 만큼 작아져 있었고, 그렇게 보이는 세상의 거리감은 오랜 시간이 흐른 지금까지 나의 뇌리에 박혀있다. 너무나 멀리 있어 보이지 않지만 존재한다는 것.

1. 아득하다는 것에 대한 두려움과 설렘

한 인간의 부유하는 일상-사막에서 부유하다
존재하나 알지 못하는 미지의 어둠

"이 광활한 도시가
사막으로 변했다. 다
보이는 것 같으면서도
감춰진 그 잔인한 이중
성, 나는 그 사막에서
부유하는 것이다."

"내가 알고 있는 어
둠은 두렵지 않다. 두
려움보다 오히려 요소
곳곳 나만이 알 수 있
는 커다란 공간이다.
하여 그 공간을 넓힐

〈자화상〉, 꽃종이에 먹, 1999.

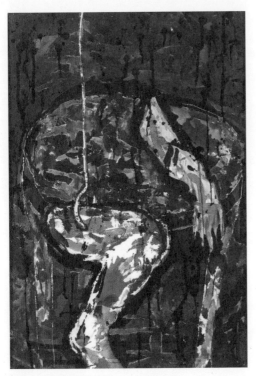

수 있는 최대치까지 나
의 의식을 끌어올려 가
늠할 수 없을 정도의 넓
이와 깊이를 만들고자
한다." (작가노트, 1997)

욕망의 바다-육식肉食

일상 속에서 대상의
실체는 인간의 그 어떤
왜곡된 변명이나 속임
수에서도 본연의 의미
를 간직하고 있다. 인간
의 몸이라는 실체 또한

〈육식 Ⅲ〉, 종이에 먹, 1997.

욕망이라는 덩어리 속에서 벗어날 수는 없을 듯하다. 이런 욕망의 덩어리
에 부여한 길들여진 의미들을 관습적이거나 도식적인 대상 인식에서, 비
非관습적, 비非상투적인 새로운 대상 인식으로 해체하고 재해석하여 사
유의 영역인 의식세계로 들어가고자 한다." (작가노트, 1998)

2. 아득한 곳으로 내던져진 나의 세상-84

알지 못하는 곳의 깊이를 찾는 방법

〈색즉시공 공즉시색〉 (2022)

화면에서 백白은 흑黑을 규정한다. 화면에서 흑黑은 백白을 규정하는 단어는 아니다. 여기서 흑黑이라는 단어는 영문 검정black이라는 단어보다 한자漢字의 아득할 현玄과 맞닿아 있다. 검정과 흑黑은 같지만 다르다. 검정은 회색을 담고 있지 않지만, 현玄은 무채색의 모든 걸 담고 있다는 뜻

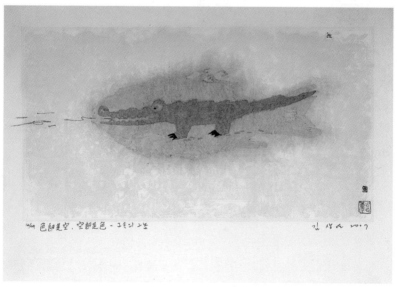

〈색즉시공 공즉시색〉, 수인목판화, 2007.

〈눈〉, 캔버스에 아크릴, 2012.

이기도 하다. 일정하게 규정된 화면에 풍부한 상상력을 불어넣는 것 또한 백白의 역할이다. 흔히들 여백餘白, 공백空白 등으로 불리지만, 이에 앞서 백白은 화면에서 하나의 불변한 존재자로 우뚝 서 있다. 화가는 사물을 그리는 데 급급하고, 그 사물에 부여되는 의미를 찾는데 골몰하지만, 자세히 들여다보면, 그런 의미들은 조금만 사유한다면 이미 백白에 의해 규정된다는 것을 알아차리리라. 백白은 화면의 구성뿐만이 아니라 이미 사물의 정신까지 규정하는 것이다.

눈

원시적인(왜곡하지 않는) 눈은 마음을 움직이고 육신까지 즐겁게 움직이게 하는 마력이 있다. 눈을 통하여 느끼는 감정은 아주 사소하지만, 사실적이고 현실적이어서, 공상 속에서 떠도는 그 어떤 형상과도 비교가 안 될 정도로 잊히지 않고 오래 남아, 객관화(개인적인)되고 굳어져 기억의 창고에 저장된다. 마치 화승이 불경을 한 글자 각하고 한 번 절하듯이 각인 되어 차곡차곡 저장고에 쌓여간다. 그 화석 같던 기억은 나의 마음속에서 이리저리 부유하다가, 하나의 의미 덩어리를 형성하고, 그리고 다시 화면 에 하나하나 표출되고 고정되어, 한 개인의 역사가 되어, 사람들에게 미래 를 꿈틀거리게 하는 즐거움을 준다. 그래서 물物, 사물을 보는 눈은 또 다른 세계로 통하는 통로인 셈이다. (작가노트, 1999)

김상연의 흑백黑白 회화繪畫 (2001), 미술평론가 장석원

김상연은 오랜 시간 예술의 도道를 연마해 왔다. 이제 최초의 진면목을 나타내 보이고 있다. 이 순간을 위하여 그는 먼길을 돌아서 왔다. 돌고 돌아 예술의 본질에 직입直入할 수 있는 길을 모색해 왔다. 나는 그가 찾은 회화적 본질이 제대로 되었고 음미할 만하다고 생각한다. 충분히 가치가 있고 훌륭하다.

재학시절 사실적 묘사에 출중한 기량을 가졌던 그가 그에 만족하지 못 하고 회화의 본질에 접근하기 위하여 방법적으로는 판화 기법에 관심을 갖다가 중국의 수인판화水印版畫에 눈을 떠서 심양沈陽의 루쉰대학魯迅大學 과 항저우杭州의 중국미술대학원에 6년간 유학하여 심도 있고 유연한 회 화 세계에 접목하게 된 것은 행운이었고 탁월한 수학 과정을 형성했다고 하겠다. 판화版畫는 대상을 평면적으로 분석하여 압착시키는 형태의 회

〈존재〉, 캔버스 위에 종이, 2001.

화성을 갖고 있다. 수인판화는 그 분석이 투명하고 유연하며 다양하다. 그가 수인판화의 이러한 성격을 이용하여 시적이고 감성적인 화면 표출에 성공시켰던 예는 상당히 많다. 그러나 여기서 주로 거론하고 싶은 그의 회화성은 그와 반비례로 거칠고 강렬하며 야수처럼 공격적인 먹그림에 대한 것이다. 그는 몇 겹으로 배접된 종이에 짙은 먹으로 인물을 중심으로 한 대상들을 그리며 그 속에 충만한 예술적 감정의 강렬한 꿈틀거림을 담는다. 그러기에 기법상 긁고 뿌리고 긁고 급기야는 뜯어내기까지 하는 것이다. 그의 작업 결과를 놓고 볼 때 광화사狂畵師와도 같은 열정이 느껴진다. 그 점을 다른 사람들이 좀처럼 흉내내기 어려운 탁월한 특징으로 꼽을 수 있다. 학교를 졸업하고 짧지 않은 세월의 현실적 어려움을 극복할 힘이 거기서 비롯된 것이 아닌가 하는 생각을 갖게 한다. 그는 젊지만 깊이 있고 힘 있는 표현력을 구사하며 회화적으로 높은 경지를 알고 있다. 그가 일관되게 이 길을 나아갈 수 있다면 틀림없이 위대한 성과를 얻을 수 있을 것이다.

그의 대상對象을 보고 다루는 방식은 직접적이며 집중적인데, 대상에 몰입하는 순간의 감정感情이 격렬하여 대상의 리얼리티가 왜곡되거나 괴리되어 보이기까지 하는 특성을 보인다. 표현주의적表現主義的 격렬함과 낭만적 시정詩情이 동반되어 있다. 격렬하면서도 부분적인 디테일에 민감하게 반응하는 측면을 공유한다. 감정에 치우친 듯하면서도 실제의 리얼리티에 충실한 그림이다. 작업실에 갇힌 듯 밤낮으로 혼자 부딪치며 지내온 세월 속에서 그는 훨씬 강해졌다. 그러하면서도 그는 매우 유연한 감성적 여유를 갖고 있다. 고독孤獨과 시정詩情과 본질本質 속에서 그의 예술적 삶과 현실이 교차하고 있다. 아마도 그의 그림을 처음 보는 사람들은 단번에 예술적인 강렬함에 압도되고 말 것이다. 그러나 천천히 도취하기 시작할 것이다.

중국에서 귀국 후 그는 광주시립미술관光州市立美術館이 제공하는 스튜디오에서 2년여 작업에 몰두해 왔다. 스튜디오 작가로는 유일하게 밤낮으로 작업실을 지키는 작가가 되었다. 사람들 발길이 좀처럼 닿기 어려운 원형으로 굽어진 공간 안에서 그는 자신의 그림과 독대獨對의 시간을 길게 가졌다. 진실은 독대의 과정에서 샘솟는다. 그가 일찍이 예술의 상업성과 사회성에 진출해 가면서 살아남기 위한 전략이라고 변명했던들 오늘의 결과에 이르지 못했을 것이다. 추종하기 쉬운 상업성과 사회성이 예술가의 발목을 잡는 것이다. 예술가는 살기 위하여 몸부림쳐서는 안 된다. 예술가는 죽기 위하여 몸부림쳐야 한다. 매일매일 죽는 예술가가 좋은 예술가로 성장한다.

그가 앞으로 얼마만큼 죽기 위하여 몸부림칠지 모르겠다. 그러나 그는 일관성 있게 이 길을 갈 것이다. 나는 그의 그림을 보고 앞으로도 상당 기간 이 길에서 정진할 것을 믿고 있다. 그러한 그림은 일시적으로 잘 보이기 위하여 쇼하듯 나오는 것이 아니다. 절체절명絶體絶命 의 순간처럼 오는 그 느낌이 절실하고 묘미가 있다. 만일 인생에 진실이 있다면 이와 같은 경우를 맛보게 되는 게 아닌가 생각한다. 그러나 예술의 경지는 훨씬 높고 넓은 성질을 갖고 있다. 극단까지 간 것처럼 생각되는 한계를 넘을 때 예상치 못한 세계의 개안을 맛보게 되는 것이다. 일이관지─以貫之 즉, 하나로 일관되게 뚫어 나가면 위대한 예술적 역량을 충분히 발휘할 길을 만나게 될 것이다.

안 팔리는 그림전 서문 (2002), 미술평론가 이세길

먹을 매개로 단색조로 조율된 그의 흑백 그림 화면은 마치 한 편의 드라마를 보듯 많은 상상의 여지를 남긴다. 장석원은 이에 대해 "거칠고 강렬하며 야수처럼 공격적"이라고 평을 달았다. 흑백이 조응하는 화면 속에서 자유롭게 펼쳐지는 굵직한 선들이 드러내는 감정적 표현 의도도 그렇거니와 종종 곳곳에 위트와 유머를 뒤섞어 실제적 형상을 이끌어내는 느긋한 여유는 새삼 그의 이른 나이를 생각하게 한다. 분방하고 격정적인 먹칠이 된 화선지를 문지르고 칼로 떠내는 등 평면 회화에서 낼 수 있는 온갖 감각적 변용, 시각적 효과, 재질감 등을 마음껏 과시하는 그의 액션은 대체 어디에서 기인한 것일까?

김상연의 호탕한 먹그림 소재들은 대개가 익숙한 일상에 방점이 찍혀 있다. 그의 쳇바퀴 돌 듯 재연되는 일상의 나른한 껍질들을 하나하나 능숙하게 벗겨 내지만, 그 안에 담긴 형상의 의미를 부러 강조하거나 집착하지 않는다. 먹물이 스며들고 번지고 도드라지는 화면 속에 자연스레 연출되는 낯설지 않은 소재며 대상들은 흑백의 명료하고 흥미로운 대비를 통해 새로운 그림 즐기기의 맛을 전한다.

쉽게 뿌리치기 힘든 아카데믹한 구성 회화의 유혹에서 저만치 벗어나 마침내는 그 흔한 여백의 여유와 부각마저도 함부로 허락하지 않은 작가의 지독한 탐미주의를 느끼는 것, 김상연의 흑백 그림이 건네는 일락―樂일 것이다.

3. 세상에서 길을 찾다-동양인의 정체성 찾기-92

동양인이 미술적으로 사고하는 방식-인쇄술(역사와 과학집합체)의 숨은 의미, 먹이라는 색도 아니고 공간으로 다가온 오묘한 놈의 발견.

감성을 낚는 습인수인판화 (2000)

현시대는 과학기술이 급속도로 발달한 시대이고, 인간이나 모든 사물이 직접 혹은 간접적으로 과학기술의 영향을 받고 있다. 현대 판화기법

또한 과학기술을 가장 적극적으로 활용하여 표현의 확대를 가져왔다.

하지만 한편으로 과학기술은 인간이 이 시대에 적응하는 것보다 빠르게 발전하였다. 인간이 행복한 생활을 위해 갖추어야 할 토대를 만들기도 전에 고통스러운 물질적 무게의 산물만 만들어 이것에 짓눌려 살아가게 되었다. 인간이 미처 시대에 대처하지 못하는 예기치 않는 철학의 부재를 가져오게 된 것이다. 북극의 눈이 녹듯 그만큼씩 우리의 지적 문화 수준과 삶의 지혜가 점점 얇아지고, 반대로 서로 간의 불신과 이기심만 높아져 간다.

이런 시대적 환경 속에서 개인적으로 서양화를 전공한 나는 동양인으로서 서양의 옷을 입은 것과 같이 나의 삶과 그림에 부자연스러운 것이 존재했었다. 이것은 당시 한국의 교육 상황이 서양의 낡은 교육방식을 그대로 답습한 상태였고, 이를 그대로 받아들인 형태에서 비롯된 것이었다.

이를 극복하기 위해 나의 옷을 찾아 동양철학을 배우고자 하는 의지였고, 이를 실행에 옮기는 짧고 효과적인 방법이 동양의 수인판화를 배우는 것이었다. 나의 습인수인 판화예술은 이런 철학적 문제의식으로부터 출발한다.

동양의 수인판화는 자연환경 속에서 살아가는 우리에게 자연과 밀접한 도구 선택의 관계로부터 출발하기 때문에, 인간 본성의 인성을 갈고 닦는 데 중요한 재료이다. 기계로 일정한 압력을 조절하여 찍는 서양의 압력인쇄기술과는 다르게, 문지르는 방식의 수인판화 인쇄방법은 작품의 크기와 판을 규격화할 필요가 없어진다. 이것은 서양판화의 기계에 의존하여 찍는 것을 뛰어넘어 인간의 초감각적인 자기 절제를 요구하는

센마리팀 의회 개인전. 루앙시, 프랑스, 2008.

아주 중요한 순간의 인쇄기술이다. 여기에는 인간에게 삶의 지혜를 가르치는 아주 중요한 철학이 숨쉬고 있다. 동양철학 중에서 나와 물物이 하나 물아일체, 物我一體가 되는 노장철학과 일맥상통하는 부분이기도 하다.

그리고 화면에 직접적으로 나타난 구도법-판각기술-인쇄기술 등을 학습하는 과정은 살아 숨쉬는 동양철학의 일부분이다. 이는 축적된 수많은 경험적 지혜들을 공부, 단련하고, 이를 뛰어넘어 내공이 쌓여서 삶의 지혜가 혼합된 것이 수인판화이다. 이 모든 것이 서양의 지식 습득 방법과 달라 동양 수인판화는 인간에게 아주 필요한 삶의 풍요로운 지혜를 가르친다. 이것이 나의 행복한 판화 만들기이고 삶이다.

4. 나라는 존재의 존재감-2000

수많은 별이 내려와 만들어진 운주사雲住寺 천불천탑千佛千塔

전남 화순 동면이 고향인 나는 까마득히 어린 초등학교 3학년(1976년 쯤) 어느 봄날 (아마도 농사가 시작되기 전의 이른 봄으로 생각된다) 마을에서 버스를 빌려 단체여행을 한 적이 있는데, 여행 중 버스에서 졸다가 내린 곳이 운주사였다. 차에서 내려 고불고불 들어가다 계곡 논두렁에 이리저리 아무렇게나 널브러진 불상과 탑을 보게 되었는데, 마치 천상의 계곡에서 천사들이 돌로 조각하다 형상이 어긋나 여기저기 아무렇게나 버린 돌조각들처럼 보였다.

〈나는 누구이며 어디에 서 있는가? 실존〉, 종이 위에 먹, 1998.

그러나 어린 내 검회색 눈동자에는 어찌나 신비롭고 아름다웠던지 한참 동안 세월이 지나고 나서도 내 몸에서 떨어지질 않았다. 시간이 흘러 광주에 있는 미술대학에 들어가 놀면서 친구들과 가끔 소풍을 갔는데, 방황하는 젊은 날의 벅찬 가슴을 어찌하지 못해 낮술로 보냈던 곳 또한 운주사였다.

광주 대인동에 있는 터미널에서 아침에 버스로 출발하면, 지나가는 온갖 동네는 다 정차하고 꼬박 반나절을 달려 운주사 입구에 도착한다. 입구 매점에 막걸리와 간단한 먹을거리가 있었고, 어디서부터랄 것도 없이 입구도 없는 운주사 길은 잘 빚은 막걸리와 함께 천 년을 한적하게 같이 뒹굴 수 있는 여유가 있었다.

그런 운주사의 기억은 온전히 내 인생과 같이한다. 기쁠 때나 슬플 때도 마음 한구석에는 언제나 신비의 불빛을 간직하고 내가 가고 있는 길을 비추는 등불이었다. 지금의 운주사는 오솔길이 신작로로 바뀐 것처럼 새롭게 정비되어 알아볼 수 없을 정도로 변했지만, 그때 그 시절을 생각하다 보면 어느새 선명하게 뒤바뀐 그때의 풍경으로 다가온다.

늦공부를 마치고 한국으로 돌아와 처음으로 형상을 표현한 것

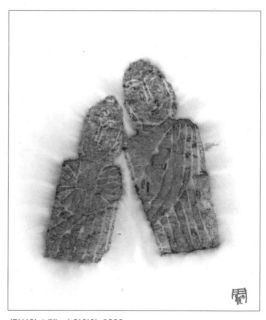

〈전설의 소리〉, 수인회화, 2000.

또한 운주사의 흔적들이다. 마음속에 있는 운주사를 표현한 덕분에 2008년 프랑스 루앙시 센마리팀 의회 미술관에서 개인전도 초대받게 되었다. 지금도 나에게 운주사는 아늑한 안식처이며 세상의 잡일들로 혼란할 때 그곳에 가면 마음을 치유할 수 있는 공간이다.

인간 세상 위에 떠 있는 평온한 별빛이며, 거센 파도와 폭풍이 휘몰아칠 땐 흔들리지 않고 길을 비추는 등대이다. 지금까지 여러 가지 새로운 실험으로 운주사의 신비함을 표현하려 노력하고 있다. (작가노트, 2018)

별이 빛나는 밤에 소리의 두께를 보다

운주사에 갔다. 찬란했던 시절 절반의 인위人爲가 세월이란 짝을 만나, 온 것의 자연으로 가는 찰나 사이의 신비, 사물을 자연에 맡긴 대신 인위는 자연의 령靈을 취했다. 우뚝 서 있거나 누워있는 것들의 인위는 이내 자연과 일치가 되어, 천년의 사랑이 되어 아름답다. 그 아름다움은 가슴으로 통하는 작은 갈색 눈에 기억된다. 제아무리 날렵한 지능을 가진 인간일지라도 바람의 시간은 속성으로 흉내 낼 수가 없다. 아무것도 하지 않는 듯한 그것의 속셈은, 물과 달과 해맑은 태양이 버무려져 여러 날이 지나서야 각각의 사물에 스며들어 모습을 드러내는데 과연, 장관이다.

온갖 사물들이 이것에 노출되면 맞춤 복장을 하듯 각자의 정령들을 품는다. 바람과 사물이 만나는 지점에 물과 정확한 온도의 태양이 중매를 서고, 아주 조금의 인위적인 신의 간섭으로 이루어진 소리의 겹겹, 어떤 것은 사물의 껍데기에 불리고 쌓여 거대한 몸뚱이로 아주 미미한 본질을

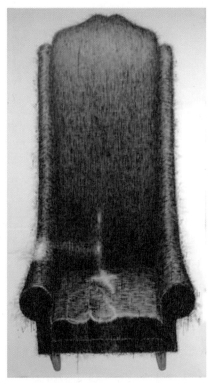

〈숨,-존재〉, 캔버스 위에 먹 아크릴, 2012.

숨기고, 어떤 것은 제 살을 깎이고 깎여 날것인 채로의 황홀한 본질을 직접 들여다보게 한다.

가끔은 거북하고 민망하지만, 인간에게 직관적 깨달음을 주는 힘이 날 것에 감춰져 있다. 어느덧 20년의 세월이 흘러 나의 드라마 속 기억을 더듬이 삼아 토해낸다. 화면에 보이는 거라곤 나무 하나, 석불 하나, 허나, 그들과 한 몸이 된 온갖 바람의 소리와 흙의 냄새들 … 언젠가는 바다였을지 모를 물의 흔적까지 갖췄다.

화면의 여백엔 어느새 사랑이 열매 되어 숨 쉬고 있다.

숨

포장하지 않고 있는 그대로 일상을 음미하며 살아간다는 것이 새삼 어렵다. 상대에게 포장하면 할수록 내 속마음은 깊이도 가늠하지 못한 채, 한없이 깊은 바닷속으로 빠져들어 간다. 그 침잠은 그림을 그리는 데에

때론 위안을 주지만, 이것 또한 잠깐 스치는 한낱 거짓일지도 모른다. 그림 속의 형상들은 굳건히 그들만의 세상에서 영 나오질 않는다. 너무 단단하다.

언제나 그랬지만 요즘처럼 현실과 소원해진 적이 없다. 그것은 단지 어떤 것에 집착이 너무 강해서일 게다. 아니면 좀 더 깊어지거나 넓어지고 싶은 욕망에 주춤하는 현상일지도 모른다. 물론, 나의 그림 속에서 꿈틀대는 형상들은 아주 사소한 일상 속 마주침에서 우연히 지나치다, 얼마간의 시간이 흐른 뒤 불현듯 마음을 움직이게 하여 온몸으로 후려갈긴 편린들이다. 이 모든 일상의 잔가지들이 모여서 하나의 뿌리를 형성한다. 이제 형상들은 형상이 갖는 최소한의 의미를 놓아버리고, 상상 속으로 노닐고 있다.

나는 의자를 그린다. 이 그린다는 행위는 의자라는 소재를 끌어 들여와 내가 말하고 싶은 인간과 욕망의 관계를 좀 더 실제적인 회화 방법으로 극대화한다는 것을 말한다. 우선 친근한 일상적 사물을 나 자신의 시각방식으로 변환, 이미지화하여 인간의 정신을 새로운 시간이나 공간으로 이동시키는 작용을 하게 한다. 의자라는 사물이 가지고 있는 의미가 그렇거니와 표현 방법에 있어서 최소한의 형상만 남기고, 나머지 사실적 여지는 어둠(검정) 속에 숨겨버린다.

그러면 검정흐 형상에서 느껴지는 충격 뒤에는 얼마간의 여운이 남게 된다. 이것은 그려져 있는 것을 보고 있음에도 불구하고 시간, 공간의 텅 빈 사이를 말함이며 일순 모든 물질적인 실존을 떠나 정신을 자신의 깊숙한 내면의 곳으로 움직이게 만든다. 기운생동이다. 하여 나는 그린다는 행위로 말미암아 온몸으로 숨 쉬고 있다고나 할까.

나는 이제 막 사막으로 소풍을 가려 한다. 신기루가 있고, 낙타가 있고, 선인장들이 눈에서 아른거린다. 이런 것들이 얼마간의 즐거움을 준다. 그러나 사막에서 만나는 그 사물들이 나의 마음을 움직이게 하고 몸을 움직이게 한다지만, 진정으로 나를 끊임없이 움직이게 하는 것은 바로 지루하게 끝없이 펼쳐진 사막이다.

〈존재〉, 캔버스 위에 먹 아크릴, 2012.

나는 그 무미건조한 사막을 이야기하려 생명수 역할을 하는 형상의 조각들을 만들고 있는 것이다. 사막이 바로 인생을 관통하게 하는 광활한 길이므로. 인생의 길은 사막처럼 지루하고 사소하게 보이지만, 반복된 움직임 속에서 그 안을 들여다보아야만 큰 깨달음을 얻을 수 있듯이….
(작가노트, 2002)

전남 옥과미술관 초대전 '공존共存' 물아일체物我一體, (2005), 롯데화랑
큐레이터 박성현

물아일체物我一體 자연과 주체적 자아가 하나가 된다는 뜻이다. 나我라는 실체는 더 이상 존재하지 않는다. 물론 의미를 갖지 않는 것이다. 대상화되는 사물에 사유라고 하는 방법적 틀이 해체되는 것이다. 나를 부정하는 데서 집착이 없으며 자유로울 수 있다. 여기서 자연이란 실존적이고 구체적인 삶의 상황이며, 대상성을 갖는 객체이다. 시각적으로 보이는 부분이며, 우리의 삶의 시간과 공간을 규정하고 있다. 한편 주체적 자아는 인식의 주체이자 사유의 출발점이다. 자아는 대상과의 관계 속에서 구체성을 가지며, 세상에 드러나는 것이고 대상이라는 전제 없이 주체적 자아를 논할 수 없는 것이다.

따라서 의식의 장으로서 실존은 대상에 대한 합일을 지향하는 것이며, 대상으로서 우리의 삶의 시간과 공간에 대한 흔적은 곧 나의 주체적 실존을 가능케 하는 모태이다. 작가가 사유하는 표상으로써, 대상화하는 일상적인 편린들은 궁극적으로 합일을 전제하고 있으며, 존재론적인 인식에 근거하는 것이다.

김상연은 의자 연작에서 존재에 대한 물음을 던지고 있다. 존재에 대한 물음은 이전 작업에서도 낯설지 않다. 비틀린 몸짓과 극도의 긴장을 유발하는 육식肉食 연작, 의식 없는 실체의 부유浮遊함, 실존에 대한 처절한 절규, 다소 우화적으로 보이는 함몰된 시선의 인물, 생명이 있다는 자체가 부담스러운 허허로운 몸짓과 응시에서 작가의 처절한 자의식을 엿볼 수 있다. 그리고 일상이라고 하는 주변에 관한 관심과 기억의 흔적을 드러내

는 것이다. 해부함으로써 보듬어 안는 것이다. 또한 작가는 광기 어린 열
정, 현상에 길들이지 않은 의식의 주체로서 의심의 한가운데 침잠함으로
써 일체성을 득하고자 하는 것이다. 그에게 형상은 중요하지 않다. 단지
작가의 존재를 드러내는 대상이며 배경이다. 그것은 잘려 나간 몸뚱이일
수도, 짓눌린 형상들의 표상을 상징할 수도 있으며, 의미 없는 실체에 얹
어지는 낯선 관심일 수도 있다. 작가는 이러한 형상들에 관하여 부유하는
의미 덩어리로써 한 개인의 사유하는 역사이며 또 다른 세계로 통하는 통
로라고 하였다.

존재에 대한 물음은 의자 연작에서 심화한다. 대상과의 관계 속에서
나我가 드러나는 형상적 실험에서 존재에 대한 적극적인 개입이다. 자의
적이고 임의적인 기억을 표출하는 것이 아니라, 보편성을 담보하는 의자
를 차용하여 의자가 아니라는 역설을 음모(도출)하는 것이다. 의자는 편
안함과 편리함을 상징한다. 현대인의 욕망을 대리하는 기물이다. 의자는
의미가 탈색되고 변형된다. 의자를 가늠케 하는 최소한의 의미만을 남겨
두고 어둠(먹) 속에 가려진다. 형태의 왜곡을 통한 일상적 의미의 전복과
해체를 기도한다. 그러나 여전히 작가에게 기억되는 의자이며, 형태로서
의 욕망을 부추기는 의자이다. 그러나 허상에서 맴돌던 의자에 대한 나른
함과 욕망의 그림자는 현실이라고 하는 지속적인 몸짓-찢고, 칠하고, 뜯
어내어 다시 칠하여 부분 부분 먹의 농도가 짙어져 반사되는 정도까지 칠
함-으로 부정되는 의미의 다중성多重性을 갖는다. 즉 삶의 흔적과 기탁된
의미가 탈수된 물성 그 자체로서 의자이며, 작가의 자의식이 상징화된 일
루전illusion으로써 자유로움을 획득하는 의자이며, 작가 자신을 암시하는

〈풀다(解)〉, 나무 컷팅에 카슈, 2010. 마이클슐츠갤러리 서울.

매개체이기도 하다.

그동안의 작업이 주로 유영하는 생명체에 관한 관심과 합일을 시도하였다면, 의자 연작은 기물에 대한 의미 재생산을 기도함으로써 다양한 시각적 통로를 획득하는 것이다. 이는 대상(자연)과 주체의 경계선상에서 자연에 대한 의미를 확장하는 것이며, 합일의 주체성을 획득하는 하나의 방법적 모색일 것이다. 여기서 언급한 물아일체는 일체성으로 얻어지는 득도의 개념은 아니다. 단지 사유적 방법으로서 일—이 일체성을 의미하며, 나我를 버림으로 나의 실체가 온전히 드러날 수 있는 역설의 회화적 접근이다. 나를 표현하는데 지나침보다는 나를 버리는데 지나침은 더함이 없을 것이다.

〈풀다解〉(2010)

현시대는 정신과 물질, 인간과 인간, 인간과 사물이 상호공존하도록 배려나 기다림의 여유를 용서하지 않는다. 필요한 물질은 순식간에 인공적으로 만들어지며, 감쪽같이 인간의 눈을 현혹시킨다. 또한 과학이 급속도로 발전하였고, 누구나 폭넓고 깊은 정보를 빠르게 획득할 수 있다. 심지어 손가락 끝의 버튼 하나로 세상을 움직이게 하고, 인간을 물질적 도구로 만들며, 존재하는 모든 것들에 계층을 만들어 구분하게 하고, 계급화하여 판단하게 한다. 혹시 이러한 모든 것들이 인간의 삶에 혹은 자연환경과 얼마나 오랜 기간 동행할 수 있을까? 실용적이고 편리한 삶을 살고자 만들었던 것들이 아이러니하게도 문명의 수레바퀴에 얽혀버려 인간은 기계의 부속처럼 살아가야 한다. 나는 이러한 정반합正反合의 옳음과 그름의 이중적 시각에 명명되는 것을 넘어 다중적 공존방식의 삶에 적극 상상의 날개를 붙여본다.

5. 드디어 나를 드립니다, 2010

나를 드리는 방법 – 해야 할 일들의 방향 찾기의 방황한 날들

〈나는 너다〉(2015)

이 세상의 모든 물질은 일정하게 나를 품고 있다. 내가 각각의 대상을

〈나는 너다〉, 캔버스에 아크릴, 2015.

바라보고 여러 가지 기호記號적 형태로 구별한다는 것은 이미지의 의미가 그 사물 속에 감정적으로 내포되어 해석되어 진다는 것이다. 그래서 사물은 한편으로 나의 거울과도 같다. 바라보는 내 내면의 감정이 순수하면 보이는 대상이 깨끗하게 보이듯, 바라보는 여러 가지 방법에 따라 사물이 달리 보이는 것이다. 곧 나는 너일 수 있는 것이다. 너는 곧 나를 내포한 존재자이므로 나에게 소중한 존재인 것이다. 이러한 바라보기는 세상에 존재하는 모든 것들이 나와 같은 존귀함으로 받아들여져, 이로 인하여 세상이 삶의 활기로 가득 차길 바라는 마음이다. 기법적으로는 먼저 한지에 습인수인 목판화로 찍은 다음 다시, 그 판화를 사진으로 찍고, 판화와 원본 사진을 합성해서 디지털로 전환하여 여러 가지 기술적 문제점을 해결한 다음 이미지를 사진으로 출력한다. 출력된 작품 위에 관련 문자나 나타내고자 하는 내용 글씨를 아크릴물감으로 찍는다. 수인회화는 전통 인쇄술 기술부터 현재 디지털 인쇄 기술까지 모두 종합한 기술 위에 여러 가지 손 터치로 마무리된다. 1960~70년대 미국의 앤디 워홀이 그 당시 획기적인 판화기법인 실크스크린으로 작업한 다음 그 위에 페인팅한 기법처럼, 나는 현대 기술을 동양적인 표현기법으로 변용하여 화면의 내용을 나타냈다.

〈존재-도시산수 Existence-Landscape〉, 캔버스에 아
크릴먹, 2012.

〈존재-도시산수〉 Existence-Landscape (2012)

소소하고 무미건조한 도시민의 일상에서 거대한 아름다움을 찾다. 도
시가 무생물의 빌딩 숲으로 이루어진 무미건조한 환경이라면 그 속에서
살아가는 소시민 또한 무미건조한 일상을 살아가고 있을 것이라 상상해
본다. 더더욱 도시의 겨울은 참으로 스산하고 볼품없는 풍경으로 전락한
다. 그런 와중에서도 소시민들은 가가호호家家戸戸 조그만 정원을 가꾸고

〈존재〉, 캔버스 위에 종이, 2001.

식물이 얼지 않도록 겨울을 단단히 준비한다. 하찮은 일회용 검정비닐도 이때만큼은 빛을 발한다. 정원 구석의 식물을 얼지 않게 감싸는 일로 한몫한 셈이다. 푸르름을 감싸고 있는 저 조그만 검정비닐이 그야말로 도시 산수 마음으로 다가와 보는 이에게 저절로 웃음을 만들게 한다. 풍요로운 마음속 풍경이다. (작가노트, 2012)

너와 나 사이 부유浮遊했던 순간들이 지나고 (2015)

내 존재 이유의 일부가 되었던 너에게 그동안 고마웠어. 어제부로 잊을게. 나도 이젠 어제의 너처럼 이름 모를 누구에겐가 밑바닥에서 거름이 되어 꽃피길 기다려주는 존재가 될 거야. 한동안 몸서리치게 생각날 거야 그러다 잊히겠지. 가끔은 아주 가끔은 어디선가 너와 비슷한 뒷모습만 보아도 가슴이 철렁거릴 것 같아.

바람의 온도가 여러 해 바뀌고 나면 뒤돌아볼 수 없어. 벌써 너의 모습이 어떻게 생겼는지 가물거릴 것 같아 두려워 잊힐까 봐. 오늘 새로움이 찾아왔어. 이전보다 더 화사하고 부드럽고 청아하게 보이는. 내 속에 있던 굴곡진 세월을 다 덮고도 남을 아름다움이, 눈이 부서 난 한동안 또 이것에 탐닉하며 내 생을 태울 거야. 너의 사랑은 끝나서 고문으로 들릴지도 몰랐던 잔소리와 너에게 배설하지 말라는 마지막 말이 너무나 고통스러웠어.

6. 미래진행형 인간-내 고장의 아름다움이라는 것을 향하여, 2020

빛이라는 어둠의 반대편
자 이제 또 나를 찾았듯이 세상의 빛을 찾아 직진이다-

나의 그림 그리기는 오래전부터 보이는 형태에서 울리는 본연의 소리를 그리려 노력했다. 또는 그 이미지에서 뿜어내는 고유의 향기를 그리려 했다. 그 소리와 향기는 개인의 성장기에 늘 직접 몸으로 부딪친 나 자신이기도 하겠지만 한국사회의 단편이기도 했다(존재). 이제 그 껍질을 벗고 본격적으로 사회에 발언을 한다(나를 드립니다). 그것이 미학적이던 환경적 실천이든 간에 지금 우리가 살아가는 세상에 필요한 질문(공존)을 던지고 해답(풀다)을 찾아가는 데 나의 그림이 조금이나마 파장을 일으키는 물결이 되었으면 좋겠다. 이번(2023 '검은심장' 전) 나의 전시는 '천지현황天地玄黃, 우주홍황宇宙洪荒'이라는 천자문의 첫 구절과 관련이 있다. 그것은 흔히 '천지는 아득하고 누리끼리하며, 우주는 드넓고 거칠다'고 해석

김상연의 〈나는 너다〉, 포스코미술관 개인전, 2017.

한다. 여기에서 '현玄'과 에너지의 원천인 '심心'을 따와 전시 제목을 '검은 심장'이라 명명했다. 검은 심장은 다시 말해 검정이 아니라 아득하여 보이지 않고 거무스름하다는 것이다. 즉 존재하나 인간의 눈으로는 보이지 않는다는 뜻이다. 보이지 않는 곳에서 에너지가 품어져 나와 보이는 것에 기운을 넣어 만물을 움직이게 하는 것을 '살아 있다'라고 표현한다면, 나의 그림은 보이지 않는 그 원초적 기운(에너지)을 표현한 것이다. 끊임없이 뿜어 나오는 심장의 에너지를 표현하고자 한다. 조형적 과장과 화려한 장식적 색채를 없애고 최소한의 형태로 에너지를 담아 화면을 보는 이에게 충격적 시각 방법을 선택하여 새로운 사유의 공간으로 안내한다.

내가 만들고자 하는 광주의 로컬문화를 축적된 나의 시각적 미술로 압축할 필요가 절실한 시기가 되었다. (작가노트, 2022)

아픈 이의 곁에 있다는 것

김형숙 · 순천향대 간호학과 교수

1. 누구나 돌보는 이가 되고, 또 아픈 이가 된다

통계청이 2023년 9월에 발표한 '사망원인통계 결과'에 따르면 2022년 한 해 동안 37만 2,939명이 죽음을 맞이했다. 이 중 외부요인에 의한 사망은 2만 6,688명이라니 사람들 대부분이 질병으로 사망했다는 결론이다. 또한 2020년 기준 한국인 기대수명은 83.5세, 유병 기간을 제외한 기대수명인 건강수명은 66.3세라고 한다.[1] 죽음은 흔한 사건이고, 사람들 대다수가 평균 17년 정도 기간을 다른 이의 돌봄이 필요한 아픈 이의 삶을 살게 될 것이라는 의미이다. 여기에 사랑하는 이들의 질병이나 노쇠로 인해

---

1. 통계청, 2022 한국의 사회지표 참조.

돌봄을 하는 기간까지 포함한다면 한 사람의 생애 중 질병이나 돌봄, 죽음과 함께하는 시간은 생각보다 길다.

그런데 우리는 질병이나 간병, 죽음과 같은 일이 나에게는 일어나지 않을 사건인 것처럼 일상을 살아가고, 개인적으로나 사회적으로 준비되지 못한 상황에서 경험하는 아픔과 돌봄, 죽음은 고통, 후회와 자책, 간병 살인과 같은 부정적인 이미지로 가득하다.

> 그때 내가 지옥을 봤어요. … 나를 보며 (풀어달라고) 애원하던 눈빛을 잊을 수가 없어요. (생애 말기의 가족을 대신하여 치료 결정을 했던) 나 자신을 용서할 수가 없어요 ….

한 사람의 아픔이 또 다른 아픔으로 이어지는 이런 악순환이 아픔과 돌봄을 특별한 소수의 경험으로 여겨 등한시하는 우리의 태도에서 비롯되는 것은 아닌지 돌아보게 한다. 아픔과 돌봄의 경험에 관해 관심 갖고 이야기하는 것은 그 자체로 만약의 상황에 관해 생각하고 대비할 기회를 줄 것이며, 아픔과 돌봄을 자연스러운 삶의 과정으로 받아들여지는 사회를 만드는 데 도움이 될 것이라 믿는다. 스스로 준비하고 적절한 도움이 제공되는 경우 사랑하는 사람의 아픔과 죽음의 과정을 일반적으로 알려진 것과 다르게 경험하는 사람들도 있기 때문이다.

> 죽음이 눈앞에 있다고 생각하니까 마음의 지진이 일어나는 것 같더라고요. … 죽음을 받아들일 수 있게 도와주셨어요. … 죽음을 받아들이고

나니 모든 것이 다 아름답고 감사하더라고요.

2. 아픈 이의 곁에 있다는 것

중병을 앓고 있는 이들을 돌보는 가족은 보통 '돌보는 사람' 혹은 주 간병자라는 이름으로 이해한다. 그래서 아픈 이를 돌보는 이들의 고통은 '간병 노동의 어려움'으로 대치되어 너무나도 강력한 '죽음을 앞둔 이의 고통'에 가려 잘 보이지 않는다. 결국 간병을 담당하는 가족 구성원은 간병 노동의 어려움에 더해 세상의 혹은 가장 가까운 이들의 몰이해라는 고통 속에서 고립된 상황에 놓이기 쉽다.

그러나 한 사람의 죽음이 당사자에게 '예견된 상실 반응'인 비탄을 초래하여 다양한 심리적 과정을 거쳐 죽음을 수용하기에 이르듯, 가족에게도 사랑하는 사람의 죽음이라는 '예견된 상실'은 크나큰 비탄을 초래하고 심리적 폭풍을 경험하게 한다. 따라서 아픈 이의 곁을 지키는 이들은 '돌보는 이'일 뿐 아니라 예견된 상실에 직면하여 애도 과정을 겪으면서 '돌봄이 필요한 사람'이기도 하다. 이런 점에서 사랑하는 사람들의 마지막 시간을 간병 가족, 혹은 보호자라는 이름으로 함께 한 이들의 어려움은 몇 가지로 간단하게 축약할 수 있는 것이 아니다. 그만큼 다양하고 또 지난하다. 그래서 가정이나 병원에서 만난 간병 가족의 경험에서 공통적이고, 반복적으로 관찰되고 이야기되는 것들이 있다.

1) 선택과 결정의 어려움

아픈 이를 대신하여 내린 각종 선택과 결정 과정에서 경험한 갈등과 혼란, 그러한 선택에 따르는 부정적인 결과를 감당하는 가족의 고통은 일반병동, 중환자실, 호스피스 병동 혹은 가정 등 아픈 이가 마지막을 보내고 죽음을 맞이한 장소가 어디였건, 죽음을 초래한 이유가 무엇이었건 차이가 없다. 치료와 간병의 과정은 '어디에서, 누구에게 치료받을 것인가?'부터 '언제, 어디까지 치료를 계속할 것인가?' '아픈 이에게 회복할 수 없다는, 혹은 죽음이 임박했다는 진실을 알릴 것인가?' '누가 결정할 것인가?'와 같은 선택과 결정의 연속이다. 특히 생애 말기에는 너무 쇠약해졌거나 의식이 명료하지 못한 당사자를 대신하여 주변 사람이 대신하여 결정하고, 그 결과는 아픈 이의 죽음으로 마무리되는 경우가 많다.

간호 현장에서 만난 가족들은 아픈 이의 생각과 바람을 정확히 알지 못하는 상황, 불확실한 예후, 부족한 정보 등 어려운 조건에서 최선을 다해 선택과 결정을 했지만, '중환자실 입실에 동의하여 연명의료를 받으면서 마지막 시간을 고통스럽게 해드린 미안함'이나 '모든 어려움을 감수하더라도 후회 없도록 집에서 잘 모시려고 했는데 낙상 사고를 당하거나 외로운 시간을 보내시는 걸 보면서 나의 욕심으로 이른 죽음을 초래한 것은 아닌지 하는 자책감', '고르고 골라 각종 평가에서 1등급을 받았다는 요양병원에 입원하는 결정을 했지만, 기대에 못 미치는 수준의 치료와 돌봄으로 고통받는 아픈 이를 지켜보는 괴로움' 등을 호소한다. 사랑하는 사람의 죽음 앞에서는 어떤 선택도 회한과 자책을 남길 수밖에 없는 것 같다. 하지만 평소에 아픈 이와 가족들 사이에 나눈 이야기, 전문가와 환자/가족 사이의 진솔한 대화는 이런 순간에 도움이 된다.

말기암으로 간헐적으로 심정지를 경험하고 그때마다 잠깐씩 흉부 압박을 받아 소생하던 환자였다. 심정지 발생 간격이 점점 짧아지던 어느 날 환자는 '더 이상 심폐소생술을 하지 않겠다'라는 의사를 밝혔다. 심폐소생술 금지 동의서를 작성한 직후 환자는 '마지막으로 유학 중인 둘째 딸을 보고 싶다'라는 소망을 밝혔다. 환자의 마지막 소망을 들어주기 위해 담당의와 가족은 유학 중인 딸에게 연락한 후 중환자실 입실을 결정했고, 딸이 곧 병원에 도착할 예정이라는 연락을 받은 직후에 환자에게 다시 심정지가 왔다. '심폐소생술을 하지 말라'라는 서면동의서와 '딸을 보고 죽고 싶다'라는 소망 사이에서 갈등하던 가족과 의료진은 '기계호흡까지는 하지 않고 한 번만 더, 살짝' 흉부 압박을 하기로 결정했다.

그 결과 환자는 의식까지 회복되지는 않았지만 심장 박동과 호흡이 회복되었고, 딸이 침대 옆에 앉아 두 손을 마주 잡은 상태에서 숨을 거두었다. 중환자실 격리실 창문 너머로 보이던, 두 손을 맞잡고 있던 모녀의 실루엣은 미리 나눈 짧은 대화가 영원히 박제될 마지막 시간을 어떻게 바꾸는지 보여주었다.

2) 이해받기 어려움

한 사람의 아픔을 둘러싸고 일어나는 일이지만 아픈 이와 돌보는 이, 그리고 가족 구성원은 제각기 다른 경험을 한다. 가족 구성원 각자가 아픈 이와 맺어 온 관계도 제각기 달라서 상대가 누구냐에 따라서 아픈 이의 태도도 달라진다. 생애 말기에 있는 환자가 있는 가정을 방문할 때면 서로에 대한 애틋함으로 얼마 남지 않은 시간에 최선을 다하는 모습 대신 앞을 다투어 서로에 대한 서운함과 원망을 쏟아내는 환자와 가족을 만나곤 한다. 환자는 간병하는 가족이 당신의 고통을 알아주지 않는다고 화가 나 있고, 간병 가족은 가족대로 아픈 몸으로 혼자 간병과 가사 노동을 담당하면서 아픈 이의 고통을 지켜보고 그 스트레스를 받아내는 자신은 이야기할 곳도 없다고 하소연한다.

말기 환자인 남편을 돌보던 노부인은 주말마다 찾아와 간병을 돕는 자녀조차 당신의 고통을 이해하지 못한다고 한탄하였다. 남편은 자녀와 함께 있으면 안심이 되어 편안하게 잠만 자는데, 부인과 단둘이 있는 시간이면 불안해하면서 화를 내고, 그러다 호흡곤란이 심해져 구급차를 부르는 일이 반복되었기 때문이다. 자녀 처지에서는 어머니의 어려움을 이해하기가 어려웠고, 부인 처지에선 자녀가 방문하는 주말에도 간병에서 벗어나지 못하고 자녀 수발까지 들어야 하는 상황인 것이다. 게다가 사회는 아픈 이나 돌보는 이의 이야기를 부정적으로 보는 인식이 만연하여 그들의 이야기를 일상에서 배제해 버린다. 때로 '간병하는 동안 모임에 참석하지 않아도 괜찮다'라고 배려하며 상냥하게 따돌리기도 한다.

사별을 앞둔 상황에서 돌봄 가족이 경험하는 심리적 혼란이나 부정적인 감정은 사랑하는 사람과의 사별을 앞둔 사람들이 공통적으로 경험하는 정상적인 애도 과정이다. 그러나 고립된 상황에서 자신의 감정을 드러내고 표현할 기회조차 얻지 못하는 간병 가족은 배우자의 사후를 생각하는 자신에 대해 죄책감을 느끼고 자책하며 우울함에 빠지는 등 병적인 슬품 반응을 경험할 가능성이 클 수밖에 없다. 사랑하는 사람의 중병과 간병으로 가장 힘들고 도움이 절실한 시기에 오해와 갈등으로 가족은 멀어지고, 고립된 상태로 '독박 간병'을 하는 일이 벌어지는 것이다.

3) 감당할 수 없이 많은 부담

말기 환자를 돌보는 가족은 병원이라면 의료인이나 지원 인력이 해주던 일까지 도움 없이 알아서 해야 하고, 가정에 상주한다는 이유로 가사노동은 물론 아이 돌봄이나 노인 돌봄 등 이중삼중의 돌봄을 담당해야 하는 상황도 발생한다. '죽을병만 아닐 뿐 나도 환자'라던 어떤 가족은 모든 것을 희생하여 간병을 담당하지만, 간병 기간이 예상보다 훨씬 길어지고 도움받을 곳도 없어 '차라리 죽고 싶은 심정'이라고도 하였다. 경제적 부담 없이 쉽게 이용할 수 있는 사회서비스가 너무 적고 문턱이 높은 것도 문제지만, 돌보는 이의 고통을 과소평가하고 낯선 사람의 방문이 불편하다는 등의 이유로 간병 서비스나 장기 요양 서비스를 거부하는 예도 많다.

또한 한 사람이 죽음을 앞둔 시기는 사랑하는 사람과의 지난 삶을 돌아보면서 관계를 재정립하는 중요한 시기이기도 하다. 아픈 이가 자신 삶에서 해결하지 못한 문제를 해결하고, 간병 이전에 누적된 가족 문제에 직면해야 한다. 아울러 간병 비용, 장례 준비, 유산상속 등 현재와 미래에 아픈 이와 관련하여 직면하게 될 문제도 해결해야 한다.

이 모든 일은 애초부터 아픈 이나 돌보는 이, 혹은 가족 구성원 중 어느 한 사람의 희생이나 독박 간병을 통해서는 해결할 수 없는 것이다. 관계

맺고 있는 모든 사람의 노력, 각자 아픈 이와 함께 하는 시간을 가져야만 가능한 일이다. 화해와 치유는 계획되지 않은 순간, 바로 '곁에서' 일어나기 때문이다.

따라서 그 모든 어려움을 용서와 화해, 감사로 연결할 기회를 놓치지 않으려면 어느 때보다도 솔직하고 용기 있는 대화, 많은 사람의 협력과 도움이 필요하다. 제도개선만으로, 전문가의 도움만으로, 개인의 노력만으로도 해결하기 어려운 길을 잘 헤쳐가기 위해 알고 이야기해야 하는 것이 있다.

우리가 원하고, 최소한의 인간적 권리로 사회가 보장해야 할 죽음은 어떤 모습인가? 우리 사회가 함께 만들어 가려는 자연스러운 죽음의 과정에 대한 청사진을 만들고, 이를 보편적으로 보장할 방법을 모색하기 위해 내가 지금 할 수 있는 일은 무엇인가?

3. 존엄한 죽음과 연명의료 결정 제도

1) 존엄한 죽음이란?

우리가 추구하고 최소한의 인간적 권리로 보장해야 할 죽음에 관해 이야기할 때 흔히 존엄한 죽음death with dignity, 존엄사dignified death, 품위 있는 죽음 등의 용어가 사용된다. 그러나 '존엄'이나 '품위'가 구체적으로 무엇을 의미하는지에 대해서는 사람마다 견해 차이가 있다. 사람들은 제각 각 '고통 없음' '자신 삶에 대한 통제권' '다른 사람들의 존중과 존경' '최상의 의료적 돌봄' 등을 생애 말기의 존엄을 유지하는 데 필요한 최우선의 조건 으로 제시하며, 그 결론이 '안락사'나 '조력 존엄사'에 이르기도 한다. 심지 어 한 사람의 죽음 앞에서 생애 말기에 있는 당사자와 다른 가족 구성원 사이에 '존엄'이나 '존중'에 대한 생각이 다른 경우도 흔하다. 따라서 초점 을 분명히 하기 위하여 사회적인 차원에서 죽음을 이야기하는 이유를 생 각해 볼 필요가 있다.

존엄한 죽음에 대한 논의의 시작은 죽음이 눈앞에 닥친 상황에서도 죽 음에 관한 이야기를 금기시하고, 마지막까지 고통스러운 의료적 처치에 매달려 죽음의 시점만을 연장하기 위하여 애쓰다 준비 없이 '당하는' 죽음, 현대인의 의료화 된 죽음에 대한 문제의식에서 비롯되었다. 이미 회복할 수 없는 상태로 임종 과정에 접어든 환자가 받는 의료적 처치는 당사자뿐 아니라 가족과 의료인 등 지켜보는 이들에게 다양한 종류의 고통을 수반 하기 때문에 인간 삶의 마지막 시간을 이렇게 보내도 괜찮은 것인지 의문 이 제기된 것이다.

이러한 문제의식에서 사회적 논의를 거쳐 '호스피스·완화의료 및 임종 과정에 있는 환자의 연명의료결정에 관한 법률'이 제정되었고, 임종 과정 에 있는 환자 본인의 의사에 따라 연명의료, 즉 생애 말기의 무의미한 의료 적 처치를 거부할 수 있도록 하였다. 이 법률에 따르면 연명의료와 관련된 용어는 다음과 같이 정의되고 있다.

- 임종 과정 : 회생의 가능성이 없고, 치료에도 불구하고 회복되지 아니하며, 급속도로 증상이 악화되어 사망이 임박한 상태.

- 임종 과정에 있는 환자 : 담당 의사와 해당 분야의 전문의 1명으로부터 임종 과정에 있다는 의학적 판단을 받은 자.

- 연명의료 : 임종 과정에 있는 환자에게 하는 심폐소생술, 혈액 투석, 항암제 투여, 인공호흡기 착용 및 그 밖에 대통령령으로 정하는 의학적 시술로서 치료 효과 없이 임종 과정의 기간만을 연장하는 것.

- 대통령령으로 정하는 의학적 시술 : 체외 생명 유지술ECUS, 수혈, 혈압상승제 투여, 그 밖에 담당 의사가 환자 최선의 이익을 보장하기 위해서 시행하지 않거나 중단할 필요가 있다고 의학적으로 판단되는 시술.

이러한 맥락에서 존엄한 죽음, 존엄사는 '치료 효과 없이 임종 과정의 기간만을 연장하는' 연명의료의 거부나 중단을 통한 자연사natural death, 혹은 자연사 허용Allow Natural Death 이라는 의미로 이해할 수 있다. 죽음을 인위적으로 연장하거나 단축하려는 시도와는 구별되는 것으로 죽음을 삶의 자연스러운 과정으로 수용하고 생애 말기에 받을 의료적 처치에 대해 선택권을 부여하는 것에 초점이 있는 것이다. 이는 법률에서 '연명의료 중단 등 결정 이행시 통증 완화를 위한 의료행위와 영양분 공급, 물 공급, 산소의 단순 공급은 시행하지 아니하거나 중단되어서는 아니 된다'라고 규정하고 있는 것에서도 확인할 수 있다. 따라서 연명의료중단 등 결정은 '죽음에 대한' 선택이 아니라 생애 말기의 '삶의 방식'에 대한 선택이라고 이해하는 것이 더 적합하다고 생각한다. 안락사나 조력 존엄사의사 조력자살

허용을 논의하기에 앞서 생의 말기 고통은 어떤 것인지 이해하고, 어떻게 도울 것인지를 고민하고, 그 고통이 불가피하고 무의미한 것들인지 검토하는 게 우선이라는 생각이다.

2) 연명의료중단등결정과 이행

연명의료중단등결정이란 임종 과정에 있는 환자에게 연명의료를 시행하지 않거나 중단하기로 하는 결정을 말하며, 이에 대한 자신 의사를 밝히는 문서로는 연명의료계획서와 사전연명의료의향서가 있다.

- 연명의료계획서 : '말기 환자 등의 의사에 따라 담당 의사가 환자에 대한 연명의료중단등결정 및 호스피스에 관한 사항을 계획하여 문서(전자문서를 포함한다)로 작성한 것'으로 의료기관에서 작성, 등록, 보관.
- 사전연명의료의향서 : '19세 이상인 사람이 자신의 연명의료중단등결정 및 호스피스에 관한 의사를 직접 문서(전자문서를 포함한다)로 작성한 것'으로 '사전연명의료의향서 등록기관[2]'으로 지정된 기관에 본인이 직접 방문하여 작성하여 등록, 보관.

위와 같은 문서를 작성하지 않은 환자의 경우에는 '충분한 기간 동안

---

2. 지역별 '사전연명의료의향서 등록기관'은 국립연명의료관리기관 홈페이지(https://www.lst.go.kr/main/main.do)에서 확인할 수 있으며, 해당 홈페이지에서는 자신이 등록한 사전연명의료의향서를 확인하거나 연명의료결정제도와 관련한 통계, 교육 자료 등을 이용할 수 있다.

일관하여 표시된 연명의료중단등에 관한 환자의 의사에 대하여 환자 가족3 2명 이상의 일치하는 진술이 있으면 담당 의사와 해당 분야의 전문의 1명의 확인을 거쳐 이를 환자의 의사로 본다.' 환자의 의사를 확인할 수 없는 경우의 연명의료중단등결정은 가족 전원의 합의를 통해 이루어지게 된다.

또한 법률에서는 연명의료중단등결정과 그 이행에 관한 업무를 수행하려는 의료기관은 '의료기관윤리위원회'를 설치하도록 규정하고 있기 때문에 사전연명의료의향서를 작성한 경우라고 하더라도 그 이행은 의료기관윤리위원회가 설치된 의료기관에서만 가능하다.

3) 연명의료중단등결정의 한계

사전연명의료의향서나 연명의료계획서 작성을 통하여 연명의료 중단이나 거부 결정을 해 두는 것으로 죽음 준비를 모두 마쳤다고 생각하는 사람들이 있지만 이는 사실과 다르다. 연명의료중단등결정은 말 그대로 임종기에 시행하게 될 연명의료를 받지 않겠다는 본인의 의사를 문서로 명확히 밝혀두는 것이다. 법률이 정한 절차에 따라 작성된 의향서의 내용 그대로 이행되는 경우에도 불필요하게 추가되는 연명의료의 고통을 피할 수 있을 뿐 한 사람이 삶을 마무리하고 죽음에 이르는 과정에서 경험하

---

3. 본 법률에서 가족의 범위는 배우자와 1촌 이내의 직계 존속·비속을 의미하며, 이에 해당하는 사람이 없을 경우 2촌 이내의 직계 존속·비속, 2촌 이내의 직계 존속·비속도 없으면 형제자매가 해당된다.

게 될 다양한 고통이나 해결해야 할 문제는 그대로 남아 있게 된다. 또한 연명의료 거부 의사를 밝혀둔 경우라도 예기치 못한 상황이 발생하여 당사자를 대신하여 가족이나 대리인이 의사결정을 해야 하는 경우도 자주 발생하고 있다.

그런데 국내·외 간호사를 대상으로 이루어진 생애 말기 돌봄의 장애 요인에 공통적, 반복적으로 등장하는 것이 환자와 가족, 의료인 사이의 의사소통 부족과 의견 불일치, 환자나 가족 혹은 의료인의 임종과 죽음, 말기 돌봄에 대한 이해의 부족이 거론되고 있다. 환자가 작성한 사전연명의료의향서와 배치되는 요구를 하는 경우도 흔한 것으로 나타났다.

또한 사전연명의료의향서를 통해 연명의료중단 의사를 밝혀둔 경우라도 입원하고 있는 기관에 의료기관윤리위원회가 설치되어 있지 않아 연명의료중단등결정을 이행할 수 없는 사례가 종종 발생하고 있다. 이러한 문제를 해결하기 위하여 사전연명의료의향서 등록증 뒷면에 의료기관윤리위원회 설치 기관을 명시하는 등 보완 노력이 이루어지고 있지만, 〈표 1〉4에서 보는 바와 같이 대다수 죽음이 발생하는 종합병원과 요양병원의 의료기관윤리위원회 설치 비율은 매우 낮아 한계가 있다.

따라서 사전연명의료의향서의 효력에 의존하기보다는 연명의료중단등결정 과정을 생애 말기와 죽음에 관한 이야기를 나눌 기회로 삼고, 삶의 마지막에 대한 자신의 견해와 가치관을 주변 사람들에게 밝히는 것이 더욱더 중요한 것 같다.

---

4. 국립연명의료관리기관, 통계청, 통계뱅크 자료 등을 참조하여 작성하였으며, 항목에 따라 통계 작성일이 다른 경우가 있어 실제 수치와 약간의 차이가 있을 수 있음.

의료기관 종별	의료기관 수(개)	최근 3년간 사망자 수(명)		의료기관윤리위원회 설치 기관	
		기관 수(개)	백분율(%)	기관 수(개)	백분율(%)
상급종합병원	45	139,626	23.2	45	100
종합병원	332	215,689	35.9	203	61.1
병원	1,397	45,178	7.5	26	1.9
요양병원	1,404	193,989	32.2	132	9.4
의원	33,912	7,016	1.2	7	0.02
합계	37,090	601,543	100	413	1.1

〈표1〉. 의료기관별 사망자 수 및 의료기관윤리위원회 설치 현황.

4. 생애 말기와 죽음의 과정

1) 질병 궤적

질병 궤적 Illness trajectories 은 시간 경과에 따라 경험되는 만성질환의 진행과 경과를 설명하는 데 사용되는 용어로, 예견된 건강과 관련하여 무슨 일이 일어나게 될지에 대한 예상을 환자와 가족에게 이야기하는 프레임워크로 사용된다. 급사 외에 죽음에 이르는 만성질환의 3가지 전형적인 질병 궤적은 다음과 같다. (그림1 참조)

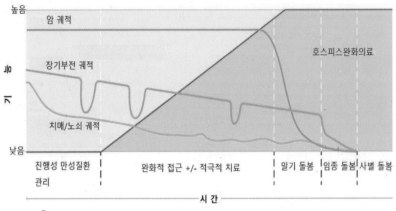

〈그림 1〉.[5]

① 갑작스러운 사망이나 악화

임박한 죽음의 사전 예고나 지식 없이 정상적인 신체 기능에서 사망하거나 심각한 의학적 장애로 갑작스럽게 상태가 변한다. 사고로 인한 외상이나 심장마비, 뇌출혈 등이 주로 원인이 된다. 대개 병원 치료를 받은 전력이 없고 사건이 발생하기 전에 인식할 수 있는 기능 저하 패턴도 없었기 때문에 주변 사람들이 준비되지 않은 상태이다. 가족들은 나쁜 결과에 강렬한 충격이나 분노를 표출하기 쉬우며, 사건 이후 새로운 현실에 적응하면서 우울증과 복잡한 슬픔을 경험할 위험이 크다.

② 노쇠나 치매

노쇠, 치매나 알츠하이머병 등으로 수년에 걸쳐 인지 및 신체의 기능이 감소하는 패턴으로 전반적으로 낮은 기능 상태를 유지하는 진행성 장애

---

5. 질병 궤적 그림과 추가 설명은 ELDAC Toolkit(https://www.eldac.com.au/Toolkits/Dementia/Clinical-Care/Respond-to-Deterioration)의 그림을 한글로 번역하였음.

로 인해 장기간의 돌봄이 필요하다. 일상생활의 의존과 관련한 합병증으로 사망하는 경우가 많으며, 와상 상태에 있거나 장기간 급식 관을 가지고 있으면 욕창 및 폐렴 발생률도 높다.

③ 암

장기간 상대적으로 안정된 신체 기능을 유지하다가 마지막 몇 달 동안 급격한 쇠퇴가 뒤따른다. 영적 고통이 더욱 예측 가능한 패턴을 보이면서 진단, 질병 재발 및 질병의 말기 단계에서 최고조에 달하는 특성을 보인다. 특히 고형 종양의 경우 신체적 쇠퇴와 정신적, 영적 고뇌를 잘 예측할 수 있기에 보다 정확한 예후와 전문적인 완화의료 서비스 시행이 가능하다.

④ 장기부전

심부전이나 만성폐쇄성폐질환 등 장기부전은 중간중간 갑작스러운 악화와 쇠퇴의 기간이 끼어들면서 악화-완화를 주기적으로 반복하면서 불규칙한 궤적을 보인다. 각각 악화 시기는 사망으로 이어질 수 있고 돌연사의 위험이 있지만, 건강과 기능 상태가 점진적으로 악화하면서 생존하는 경우가 많고 임종기에 급격히 악화한다. 암에 비해 사망 시기가 더 불확실하여 병원에서 사망할 가능성이 크며 호스피스 서비스를 받을 가능성이 낮다.

2) 시기별 돌봄 모델

생애 말기end of life는 삶의 마지막 해, 마지막 달, 마지막 주, 마지막 며

칠 또는 시간을 포함하는 의미로 다양하게 정의되고 있는데, 일반적으로 말기와 임종기를 구별하여 임종기는 말기의 끝부분으로 더 죽음에 근접한 시기, 임종 과정이 진행되는 시기를 지칭하는 용어로 사용된다.

생애 말기는 질병의 회복 가능성이 거의 없고 치료의 이득이 줄어드는 시기부터 시작하여 치료가 득이 된다는 근거가 없고 치료에 따른 고통을 참기 어려운 시기, 회복 가능성이 없고 죽음의 위험이 증가하는 시점을 거쳐 매주 혹은 매일 상태가 악화하며 죽음에 다가가는 임종기에 이른다. 임종기 또한 다음과 같은 증상에 따라 구분되는 3단계를 거쳐 죽음에 이른다.

- 1단계 증상 : 먹고 마시는 것이 눈에 띄게 감소하면서 전신 권태감, 식욕부진, 불면 등 증상 발현.
- 2단계 증상 : 주변에 관한 관심과 주변 사람과의 상호작용이 줄어들면서 잠자는 시간이 늘어나고 섬망이 나타남. 물리적 세계에서 멀어지는 시기.
- 3단계 증상 : 차고 축축한 피부, 얼룩덜룩한 색의 사지, 빠르거나 불규칙한 맥박, 혼동, 안절부절, 무호흡과 과호흡이 교대로 나타나는 체인 스톡 호흡, 가래 끓는 소리, 소변량 감소 등의 다장기부전의 증상.

이러한 시기 구분이 중요한 이유는 시기에 따라 치료나 돌봄의 수준과 목표, 장소가 달라질 수 있으며, 그에 맞추어 아픈 이와 돌보는 이가 적절히 준비해야 하기 때문이다. 특히 임종기는 연명의료중단등결정을 이행하고 아픈 이와 가족이 구체적이고 실제적으로 죽음을 준비하는 시기이므로 아픈 이가 임종기에 접어들었는지에 대한 판단은 매우 중요하다.

이에 의사를 위한 '임종 돌봄 임상 진료 지침'이 개발되어 이용되고 있으며, 임종기 판단을 위한 세부 지침을 제공하고 있다.

하지만 생애 말기와 임종기는 선행하는 시기와 분명하게 구분되는 지점이 따로 존재하는 것이 아니므로 연속적인 과정으로 이해하고 접근하는 돌봄 계획이 필요하다. 〈그림1〉에서와 같이 이상적인 의료적 돌봄은 질병 궤적에 따라 만성질환 관리에서 진행성 질병 치료, 완화적 접근, 말기 및 임종기 돌봄으로 이행하는 것이다.

완화적 접근은 죽음이 불가피하다는 점을 인식하고 완치보다는 돌봄에 중점을 두며, 개인의 편안함과 기능 수준의 개선이나 최적화, 괴로운 증상을 적절히 관리하는 것을 목표로 한다. 또한 완화적 접근은 신체적 문제뿐만 아니라 개인의 심리적, 영적, 사회적, 정서적, 문화적 요구를 해결하며 가족을 그 대상에 포함한다.

말기 및 임종기는 환자가 죽음에 빠르게 다가가는 시기인 만큼 환자와 보호자의 돌봄 요구는 더욱 높아지는 시기이며, 이 시기의 돌봄은 보통 호스피스완화의료라는 전문화된 영역으로 제도화되어 있고, 사별 돌봄까지 포함한다.

이에 세계보건기구WHO에서는 완화의료가 선택이 아닌 필수 의료라고 강조한다. 완화의료를 기본 건강권으로 인정하고 보편적으로 제공하여야 하며, 각국 정부는 모든 수준의 진료에 완화의료 서비스를 통합하는 보건의료 시스템을 갖출 것을 권고하고 있다. 이를 위해 기존 의료 전문가 교육 강화, 완화의료를 모든 신규 의료 전문가의 핵심 커리큘럼에 포함하고 자원봉사자와 일반 대중에 대한 교육 등 인적 자원을 강화 및 확대 정책이 필요하며, 증상 관리를 위한 필수 의약품, 특히 통증 및 호흡곤란 완화를 위한 아편계 진통제의 가용성을 보장하는 의약품 정책이 필요하다고 강조하였다. 아울러 다음과 같이 임종 돌봄에 대한 특별 권고를 한 바 있다.

- 임종간호에 대한 세계보건기구WHO 특별 권고(2003)

① 죽음 준비하기

환자와 가족, 호스피스 팀 사이의 충분한 의사소통이 중요하다. 가족 간 의사소통을 통해 해묵은 갈등을 해소하고 아이 양육이나 가족 지원 등 걱정되는 문제에 관해 의논하여야 한다. 죽음을 앞둔 이에게 사랑한다는 말, 기억하겠다는 말을 전하고, 죽어가는 이가 원할 경우 죽음을 주제로 토론하고 후회나 죄책감에 대해 도움을 줄 필요가 있다. 아울러 죽음을 앞둔 이의 희망에 따라 영적 상담이나 종교적 조언을 받을 수 있게 도와준다.

② 함께 있기

규칙적으로 방문하여 함께 하는 시간을 갖는 것이 중요하다. 필요할 때 손을 잡고 경청하면서 대화하고 움직일 때는 천천히 움직이는 것이 좋다.

③ 돌봄

가벼운 접촉과 손잡기 등 신체 접촉을 통해 환자의 안위를 돕는다.

3) 국내 호스피스 완화의료 제도6와 문제점

'호스피스 완화의료 및 임종 과정에 있는 환자의 연명의료결정에 관한 법률'에 따른 말기 환자와 호스피스 완화의료는 다음과 같이 정의되고 있으며, 이를 기반으로 호스피스 완화의료가 제도화되어 있다.

- **말기환자**未期患者 : 적극적인 치료에도 불구하고 근원적인 회복의 가능성이 없고 점차 증상이 악화하여 보건복지부령으로 정하는 절차와 기준에 따라 담당 의사와 해당 분야의 전문의 1명으로부터 수개월 이내에 사망할 것으로 예상되는 진단을 받은 환자를 말한다.
- **호스피스 완화의료(이하 호스피스)** : 암, 후천성면역결핍증, 만성 폐쇄성 호흡기질환, 만성 간경화, 그 밖에 보건복지부령으로 정하는 질환 중 어느 하나에 해당하는 질환으로 말기환자로 진단을 받은 환자 또는 임종 과정에 있는 환자(이하 호스피스 대상 환자)와 그 가족에게 통증과 증상의 완화 등을 포함한 신체적, 심리 사회적, 영적 영역에 대한 종합적인 평가와 치료를 목적으로 하는 의료.

이는 호스피스를 받을 수 있는 대상자를 네 종류의 특정 질환에 국한하고 있는 것인데, 호스피스 유형별로 살펴보면 호스피스를 이용할 수 있는 환자 범위는 더욱 축소되어 암을 제외한 대부분 질환이 사실상 호스피스

---

6. 국립암센터 중앙호스피스센터 홈페이지(https://hospice.go.kr:8444/?menuno=1)에서 지역별로 이용 가능한 호스피스 완화의료 서비스 제공기관을 검색할 수 있으며, 다양한 호스피스 관련 정보를 제공하고 있음.

완화의료 서비스를 이용할 수 없는 상황이다.

- **호스피스 완화의료 유형과 대상 질환**

① 입원형 : 호스피스 전문기관 병동에 입원한 말기 암 환자와 가족들
   대상
   - 말기 암.

② 가정형 : 가정에서 지내기를 원하는 말기 환자와 가족
   - 말기 암, 말기 후천성면역결핍증, 말기 만성폐쇄성호흡기
   질환, 말기 만성 간경화.

③ 자문형 : 일반병동과 외래에서 진료받는 말기 환자와 가족 대상
   - 말기 암, 말기 후천성면역결핍증, 말기 만성폐쇄성호흡기
   질환, 말기 만성 간경화.

④ 소아청소년 완화의료 : 생명을 위협하는 질환으로 치료받는 소아청
   소년 환자와 가족의 신체적, 심리적, 사회적 어려움을 완
   화시키고 삶의 질 향상에 기여하는 통합적 의료 서비스
   - 진단 병명/질병 단계에 제한 없이 만 24세 이하 환자에 한
   해 시범 운영.

게다가 호스피스 완화의료 서비스를 제공하는 의료기관의 수는 절대적으로 부족하고, 그나마 수도권과 대도시에 치중되어 있는데 가정형 호스피스의 경우에는 대도시 수준에서도 찾아보기 힘든 실정이다. 특히 생

애 마지막 1년 중 90% 이상의 시간을 가정에서 보내게 된다는 사실을 감안할 때 이는 심각한 문제이다. 외래 방문을 통해 자문형 호스피스를 받는다고 하더라도 증상 조절에 한계가 있고, 이는 불필요한 입원을 초래하거나 조절되지 않는 고통스러운 증상 속에 말기환자와 가족을 방치하여 비극적인 결과를 초래할 위험도 있다.

호스피스 완화의료 서비스 이용이 저조한 또 다른 이유로는 일반인뿐 아니라 의료인까지 포함하여 사회 전반의 생애 말기와 호스피스 완화의료에 대한 인식이 매우 낮다는 점이다. 대표적으로 호스피스는 "죽을 때 가는 곳"이라는 편견으로 의료인이 호스피스 대상 환자에게 말기 진단을 적절한 때에 내려주지 않거나 호스피스 완화의료 이용을 권유받은 환자와 가족이 치료 거부나 포기의 의미로 받아들여 분노하는 경우도 흔히 발생하고 있다.

누구나 경험하게 될 생애 말기에 고통받지 않을 권리는 기본적인 인권에 해당하며, 호스피스 완화의료는 필수 의료로서 보편적으로 보장되어야 한다는 세계보건기구의 권고를 다시 한번 강조할 필요가 있다. 어떤 원인이나 질병이든, 말기환자가 거주하는 곳 어디서나, 적절한 시기에, 말기와 임종기 판단을 받을 수 있고, 그에 따라 증상 관리를 받을 수 있도록 제도개선과 인식 개선이 필요하다. 호스피스 대상 환자 범위와 호스피스 완화의료 서비스를 제공하는 기관을 확대하는 것이 중요하다. 그렇지만, 호스피스 완화의료 전문기관에서 모든 이의 죽음과 임종 과정을 돌보는 데는 한계가 있음을 인정해야 한다.

그러므로 전문 호스피스 완화의료를 이용하기 이전 단계를 비롯하여 모든 수준의 의료체계에서 완화의료적 접근이 가능하도록 사람을 준비하는 것이 우선이라는 생각이다. 지금 당장이라도 필요하다면 의료인이 일하는 현장에서 말기와 임종기에 있는 환자를 적절히 돌볼 수 있도록 제도를 보완하고 일상적인 교육과 상담을 통해 지지, 지원하는 정책이 필요하지 않을까 한다. 그리고 무엇보다도 언제고 아픈 이가 되고 돌보는 이가 될 나부터 죽음과 돌봄을 일상의 삶 속으로 가져와 이야기하고 배우며 준비해 나가야겠다.

제5강_인권과 스포츠

스포츠와 평화가 만나는 시간

정용철 · 서강대학교 교수

    뉴질랜드 국가대표 럭비팀 올 블랙스All Blacks 는 경기 전 상대편을 향해 하카Haka라고 불리는 퍼포먼스를 합니다. 전투를 앞둔 전사가 전의를 다 지는 느낌의 상당히 위협적인critical 집단의식으로 보입니다. 하지만 하 카는 "네가 나와 겨룰만한 상대라면, 너는 강력한 존재이다. 그러므로 난 너를 이기기 위해 최선을 다할 것이고, 너도 최선을 다해주길 바란다"라는 의미입니다. 혀를 쑥 빼고 눈을 부라리는 동작을 하며 함성을 지르지만, 밑바탕은 상대방을 강한 존재로 인정하고 그에 맞서 나도 최선을 다하겠 다는 다짐입니다. 그렇게 시작된 럭비 경기는 마지막에 심판이 '노사이드' 라며 종료를 알리는 순간까지 격렬한 경기를 이어갑니다. 네 편 내 편으로 가르지 않겠다는 선언, 노사이드는 결국 럭비라는 스포츠가 종국에는 죽기 살기로 싸우던 두 팀이 하나가 되는 평화의 시간을 향해 시시각각 돌진해 왔다는 증거입니다. 오늘은 스포츠가 어떤 경로로 평화라는 가치와 이어질 수 있는지 살펴보려고 합니다. 먼저 스포츠에 내재한 힘들을 살펴보고 스포츠가 평화에 도달하기 위해 넘어서야 할 것, 차별과 혐오에 대해 말씀드리겠습니다.

스포츠가 가진 첫 번째 힘 - 연결connecting

스포츠는 서로 다른 두 사람 혹은 두 집단을 만나게 합니다. 상대편으로 만나기도 하고 동료로 만나기도 합니다. 스포츠를 통해 떨어져 있던 두 존재가 연결되는 것이죠. 예를 들어볼까요? 평창동계패럴림픽에 참가한 시각장애인 알파인스키 양재림 선수가 있습니다. 눈이 보이지 않는 상태로 직벽에 가까운 코스를 내려오는 장면은 상상만으로도 아찔합니다. 물론 혼자 내려오는 게 아니라 가이드라고 불리는 도우미를 앞세우고 함께 내려옵니다. 양재림 선수의 가이드는 고운소리라는 전직 스키선수였습니다. 이 둘은 함께 먹고, 자고, 호흡을 맞췄습니다. 헤드셋을 통해 앞서 내려가는 고운소리 선수가 '업~'이라고 하면서 회전을 시작하면 1, 2초 뒤에 같은 코스를 양재림 선수가 따라오는 식입니다. 자칫 관중들의 소음이 선수와 가이드 사이의 교신에 방해될 수 있기에 산꼭대기에서 출발하면 결승선을 통과할 때까지 숨죽이면서 지켜봐야 합니다. 오직 소리와 몸의 감각만을 통해 빠른 속도로 내려오는 두 사람을 보면 마치 끈으로 이어놓은 듯한 착각이 듭니다. 그들의 이야기는 모 대기업 공익광고로 제작되어 소개된 적도 있습니다. '연결의 힘, 양재림'을 검색해 찾아보시면 좋겠네요.[1]

연결의 또 다른 예는 축구나 농구 등 구기 경기에서 흔히 볼 수 있는 패스입니다. 구기 경기에서 가장 중요한 물건은 공인데요. 이 공을 가지고 있는 순간 운동장에서 뛰고 있는 스물두 명(축구의 경우) 중 가장 주목을 받은 주인공이 됩니다. 패스는 본질적으로 자신이 주인공이 되기를 포기하고 공에 대한 소유권을 다른 동료에게 건네는 행위입니다. 패스는 사회에서 벌어지는 일반적인 소유의 방향(내게로!)과 정반대(너에게!)로 이어집니다. 좋은 패스의 속성을 잘 살펴보면 우리가 사회의 다른 곳에서는 흔히 볼 수 없는, 그러나 늘 동경하는 모습을 보여줍니다. 패스를 잘하는 선수는 늘 자신의 패스를 받을 상대방을 생각합니다. 자신에게 공이 오자마자 바로 보내는 패스가 가장 훌륭한 패스라고 합니다(우치다 타쓰루, 『절망의 시대를 건너는 법』, 2013). 그러려면 공을 받기 전에 이미 보내야 할 곳을 머릿속으로 그리고 있어야 합니다. 언제나 남을 의식하고 나에게로 향한 공의 주도권을 내 동료에게 넘겨주려고 최선을 다해야 합니다. 동시에 패스의 강도도 고려해야 하는데요. 패스를 너무 세게 보내면 미처 받지 못할 수도 있고 너무 약하게 보내면 중간에 상대편에게 빼앗길 수도 있습니다. 적당한 속도로 받는 사람의 입장을 고려해서 정확한 곳으로 보내야 하지요. 때때로 패스를 받는 사람이 아직 도착하지 않은 미래의 공간으로

---

1. https://www.youtube.com/watch?v=UYSTBMQl1q4

앞서 보내기도 합니다. 상상의 힘이 필요한, 쉽지 않은 일입니다.

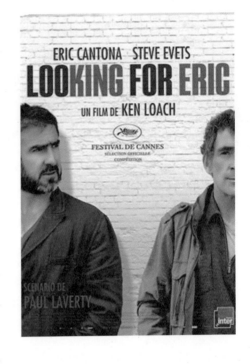

캔 로치 감독이 만든 〈에릭을 찾아서Looking for Eric〉라는 영화를 보면 선수와 선수 사이 패스에 대한 명백한 정의가 등장합니다. 프리미어리그 맨체스터 유나이티드의 전설적인 공격수 에릭 칸토나 선수가 스스로 꼽은 자신이 가장 빛났던 순간에 대한 장면인데요. 주인공인 우체부 에릭이 '가장 달콤했던 순간sweeties moment ever?'이 언제였냐는 질문에 칸토나는 '골은 아니었어'라고 짧게 대답합니다. 우체부 에릭이 자기 맘대로 칸토나가 창조했던 그림 같은 골 장면을 떠올릴 때마다 칸토나는 단호하게 '아니'라고 말합니다. 잠시 뜸을 들여 생각한 후, 이렇게 대답합니다. '그건 패스였어'. 배경으로 페널티박스 바깥쪽에서 아웃프런트킥으로 마치 춤을 추듯 자신 팀 동료에게 패스하는 장면이 나오는데요. 믿을 수 없다는 듯한 표정을 지으며 만약 그 동료가 네 패스를 받아 골에 성공하지 못하면 어떡하냐고 질문하는 에릭에게 칸토나는 '네 동료를 항상 믿어야 해You must trust your teammate, always.'라고 나직하게 말합니다.

패스는 믿음을 기반으로 스포츠에 내재한 이어주는 힘을 잘 보여줍니다.

스포츠가 가진 두 번째 힘-결속bonding

스포츠가 우리에게 보여주는 첫 번째 힘이 서로를 이어주는 연결이라면 두 번째는 결속입니다. 단단하게 묶어준다는 뜻이죠. 지금은 오래된 일이라 가물거리지만 2002년 한일월드컵 4강을 경험하면서 붉은 악마라고 불리는 전국민적 결속을 경험한 바 있습니다. '대~한 민국! 짝짝짝, 짝, 짝!' 구호 소리만으로도 어마어마한 하나됨을 느낍니다. 시청 앞 광장의 거리 응원은 이후 한국 사회의 고비마다 하나로 묶는 집단의 힘으로 작동해 오고 있지요. 이러한 힘은 개별적인 만남과 이어짐을 넘어 거대한 집단의 묶음을 가능하게 합니다.

여기서 꼭 짚고 넘어가야 할 부분이 있습니다. 스포츠가 우리에게 주는 묶는 힘은 때때로 정치적인 목적을 위해 악용되기도 합니다. 각 나라를 대표하는 선수가 경쟁하는 올림픽에서 흔히 목격됩니다. 지금은 많이 줄어들었지만 냉전 시대에는 올림픽이 국가 혹은 체제 간 우열을 가리는 상징으로 왜곡됩니다. 한 나라 국민이 자신의 국가대표팀을 응원하는 이유는 단순히 최고가 되기 위한 개인의 몸짓이 아름다워서가 아니라는 거지요. 한국 선수가 일본 선수를 꺾을 때, 아일랜드 축구팀이 잉글랜드 팀을 이길 때, 혹은 미국 아이스하키팀이 구소련 팀을 꺾을 때 이들의 경기는 더 이상 단순한 운동경기가 아닌 겁니다. 그 나라가 대표하는 체제의 우열을 보여주는 대리전쟁이 되는 거지요.

이른바 '국뽕'이라고 부르는 국가주의가 가장 나쁜 방식으로 발현된 올림픽은 1936년 나치 하에서 치러진 베를린올림픽입니다. 한국의 손기정, 남승룡 선수가 일장기를 가슴에 달고 올림픽의 꽃인 마라톤에서 금메달, 동메달을 목에 걸었던 그 올림픽. 히틀러는 게르만 민족의 우수성을 만방에 알리고자 베를린 올림픽에 공을 들였습니다. 지금은 올림픽 하면 떠오르는 성화 봉송이 베를린 올림픽에서 처음으로 시도되었다고 합니다. 그 당시 올림픽 성화가 지나온 곳은 2차 세계대전에서 독일이 다른 나라를 침략하는 진격 루트와 일치합니다. 평화의 상징인 올림픽 성화를 들고 살육의 지도를 그린 셈이죠.

21세기에도 비슷하게 올림픽을 정치적인 목적을 위해 악용하려는 시도가 있습니다. 바로 2020년(코로나로 실제로는 2021년에 열린) 도쿄올림픽인데요. 이미 1964년 도쿄올림픽을 통해 2차 세계대전 전범국가면서 오히려 원폭 피해국으로 이미지 전환을 시도했던 일본(성화의 마지막 주자를 히로시마 원폭 피해를 받은 청년으로 정했습니다)은 2020년 도쿄올림픽을 통해 후쿠시마 원전 사고 이후 정상 국가로서의 위상과 헌법 9조 개정을 통한 정상국가(전쟁을 수행할 수 있는 나라가 된다는 뜻입니다)로의 복귀를 꿈꿨습니다. 불행하게도 그 구상은 점점 더 구체적인 현실이 되고 있습니다.

2015년 5월 15일, 아베 정부는 '평화안전법제 관련 2법안'(일명 안보법제)을 국회에 제출합니다. 이 법안의 목적은 과거 침략 전쟁에 대한 반성의 뜻으로 전쟁을 포기하고 평화주의를 지향하는 평화헌법에 대한 해석을 달리하면서, 집단적 자위권을 인정하고 일본이 전쟁에 참여할 수 있는 길을 여는 것이지요. 아베는 이 법안의 심의를 밀어붙여 2015년 9월 17일 결국 본회의에서 법안이 통과됩니다. 일본의 시민단체에서 평화운동을 하는 활동가(마라톤 선수이기도 합니다) 사토 유시유키는 이때 평화헌법 개정 반대를 외치며 국회의사당을 열여섯 바퀴 반(42.195km) 돕니다. 온몸으로 전쟁을 반대하고 평화를 촉구한 거지요.

도쿄올림픽은 아베 정권이 원하는(그러나 겉으로 드러내고 싶지 않은) 반평화의 은유가 가득 담겨있는 메가 스포츠 이벤트입니다. 좀 더 구체적으로 후쿠시마 원전사고 이후 세계를 향해 정상국가라고 선포하려는 아베의 속셈이 실려 있지요.

스포츠의 묶는 힘이 늘 독일과 일본의 예처럼 악용되는 건 아닙니다. 정반대로 서로를 가르고 혐오하는 민중의 편견을 무너뜨리는 역할을 하기도 하지요. 2007년 7월 18일 넬슨 만델라 남아프리카공화국 대통령의 89세 생일을 맞아 감동적인 장면이 연출됩니다. 그가 무려 27년 동안 갇혀 있던 로벤섬 수용소에 세계 각국의 축구 스타가 모여 그의 생일을 축하하면서 89번의 시축을 하는 장면입니다.

죄수 넬슨 만델라(후에 선거로 남아프리카공화국 대통령이 됩니다)는 복역 중 투쟁을 통해 죄수들 간의 축구 경기를 허락받고 국제축구연맹 FIFA가 인정한 남아공 유일의 축구 리그인 마카나 리그를 탄생시킵니다. 1966년 마카나 축구협회가 창설되고 3개 리그를 구성해 매주 정규 리그를 운영하는데요. 1991년 감옥이 폐쇄될 때까지 국제축구연맹FIFA의 리그

운영 규정을 지켜가며 20년 넘게 계속됩니다. 만델라는 이런 말을 했습니다. "모든 것이 무너져도 우리에겐 축구가 있다." 흥미롭게도 마카나 리그는 죄수들 간을 묶는 역할만 한 게 아니라 그들을 지키는 간수들까지 묶어냅니다. 각자가 응원하는 팀이 생기고 죄수를 감시하는 것이 아니라 경기를 관람하고 응원하는 지경까지 이르게 된 것이지요.

후에 만델라 대통령은 이 경험을 바탕으로 스포츠를 이용해 국민을 하나로 묶어냅니다. 알다시피 오랜 시간 소수의 백인에 의해 인종차별을 받던 다수 흑인은 만델라가 대통령이 된 후에도 백인과 하나 되지 못합니다. 어쩌면 당연한 일이지요. 대통령이 흑인으로 바뀌어도 세대를 거쳐 피해받았던 이들의 마음속에 남아 있는 미움을 털어내지 못했던 것입니

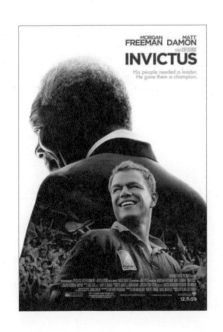

다. 물과 기름 같던 흑백 갈등을 털고 남아공 국민을 하나로 묶어내기 위해 1995년 럭비 월드컵을 개최합니다. 그동안 백인으로 이루어진 남아공 럭비 국가대표팀을 지켜보면서 국민은 자연스레 인종차별을 떠올립니다. 그 결과 남아공의 국민은 자신을 대표하는 남아공 팀이 아닌 영국 팀을 응원합니다(이 이야기는 맷 데이먼 주연의 '인빅터스'라는 영화로 만들어지기도 했습니다). 대표팀을 상

징하는 녹색 유니폼이 과거의 쓰라린 아픔을 생생하게 떠올리게 했기 때문이지요. 이때 대통령 넬슨 만델라는 유니폼을 바꾸거나 찢어버리는 대신 스스로 그 유니폼을 입고 대중 앞에서 대표팀 주장 프랑수아 피에나르에게 악수를 청합니다. 인종차별의 상징이었던 유니폼을 화해와 연합의 의미로 바꾼 것이지요.

스포츠가 가진 세 번째 힘-초월transcendenc

2002년 한일월드컵 때 히딩크 감독과 한국팀을 이끌었던 박항서 감독이 베트남 축구의 영웅이 된 적이 있습니다. 베트남에서 아들 이름을 '항서'로 짓겠다는 사람까지 나올 정도로 대단한 인기를 누렸는데요. 베트남에게 한국은 과연 어떤 나라일까요? 월남전 때 대한민국은 베트남에 파병한 나라입니다. 그동안 쉬쉬하고 있지만 한국군에 의한 민간인 학살이 있었고 나라 곳곳에 한국군 만행을 기억하는 증오비가 세워져 있습니다. 태평양 전쟁 당시 일본의 피해를 본 한국이 일본에 대해 가진 감정과 비슷합니다. 그런 베트남이 축구로 인해 한국에 열광합니다. 스포츠가 서로 묶일 수 없는 것을 묶어 훌쩍 뛰어넘는 초월적인 변환을 끌어낸 것이지요. 바로 스포츠가 우리에게 주는 마지막 선물은 '넘어섬', 초월입니다.

스포츠의 넘어서는 모습을 가장 잘 보여주는 장면은 장애를 품고 사는 선수들의 경기 모습입니다. 앞서 비장애인의 올림픽이 여러 번 정치적으로 악용된 예를 보여드렸는데요. 패럴림픽은 그러한 의도에서 상대적으로 자유롭다고 할 수 있습니다. 비장애인 올림픽에 비해 상대적으로 자본의 영향을 덜 받은 패럴림픽은 원래 올림픽과 따로 개최되던 독립적인 대회였습니다. 1988년 서울올림픽 때부터 올림픽이 개최된 나라에서 함께 열리고 있습니다. 한쪽 다리가 없는 스키 선수가 무서운 속도로 내려오는 걸 상상해 봅시다. 두 다리로 내려오는 스키 선수보다 조금 위태로워 보이지만 그녀가 만드는 곡선은 날렵하고 경쾌합니다. 비장애인 스키 선수가 흉내 낼 수 없는 움직임이지요. 한 발로 스키를 타는 건 두 발로 내려오기보다 어렵고, 그래서 '좋은 움직임'에 가깝습니다. 수상스키를 탈 때 두 발로 타는 게 익숙해지면 모노스키를 시도하는 것과 같은 이치지요. 음악을 '귀에 듣기 좋은 공기'(에드워드 사이드, 『평행과 역설』, 2002.)라고 표현한다면 스포츠란 '눈이 보기 좋은 움직임'입니다. 패럴림픽에는 좋은 움직임, 그리고 넘어서는 움직임으로 가득합니다. 단순히 신체 한계를 극복하고 어려운 목표를 성취하는 감동 서사를 말하려는 게 아닙니다. 그들의 넘어선 움직임은 그 자체로 충분히 아름답기 때문입니다.

스포츠에는 지금까지 존재하는 방식을 단번에 뛰어넘는 어떤 힘이 있습니다. 예를 들어 볼까요? 2018년 평창동계올림픽 여자 스피드스케이팅 500미터 결승전을 돌아봅시다. 당시 언론은 미국의 전설적인 스케이터 보니 블레어의 올림픽 3연패와 비교하면서 이상화 선수의 올림픽 3연패를 기대한다는 부담을 줍니다. 하지만 실제 경기 전 세계선수권대회에서 보여준 이상화 선수의 기록은 전성기의 기록에 미치지 못했고 반대로 일본의 고다이라 나오의 기록은 괄목할 만한 상승곡선을 그리고 있었죠. 이 상황에서 언론은 두 선수 간의 경쟁 구도를 강조하면서 한국과 일본의 적대적 긴장감을 키웁니다.

시합 당일 고다이라 선수의 역주가 끝나고 이상화의 은메달이 확정되었을 때 이상화 선수는 울음을 터트립니다. 개인적으로 제2의 왕기춘이 탄생할까 싶어 조마조마했습니다. 왕기춘 선수는 2008년 베이징 올림픽 유도 73킬로급에서 은메달을 따고 엉엉 울어서 1등만 기억하는 금메달 지상주의를 비꼬는 아이콘으로 회자 되었지요(실제 왕기춘 선수가 울었던 이유는 단순히 금메달을 못 따서가 아니라 부상으로 자기 컨디션을 찾을 수 없는데 제대로 치료를 받지 못했던 상황에 대한 억울한 심정 때문이었다고 합니다). 이상화 선수의 눈물이 과연 무슨 의미였는지 확실치는 않았고(아마도 큰 짐을 벗은 후련함이 크지 않을까요?) 몇 초 동안, 이 눈물의 의미를 어떻게 해석해야 할지 고민하고 있었습니다. 이때 일본의 고다이라 나오 선수가 고개 숙인 이상화 선수에게 다가와 끌어안으며 진지한 표정으로 한 마디를 건넵니다. '상화, 나는 아직도 너를 존경해. 너는 나에게 영원한 챔피언이야.' 순간 이상화 선수는 고다이라 나오 선수에게 안기듯 기대어 울음을 터뜨렸고 이 두 선수의 대결을 한일 간 라이벌 대결로 해석하던 수많은 미디어의 선동을 일순간에 무색하게 만듭니다. 오랜 시간 한 길을 걸어온 동료 선수 사이에 메달 색깔이나 등수가 얼마나 하찮은 것인지를 보여줍니다.

어떤 초월은 잘 드러나지 않습니다. 예를 들면, 여자아이스하키 남북한 단일팀의 경기에서 보여준 넘어섬입니다. 남북단일팀의 첫 경기 스위스

전. 관중석에는 문재인 대통령뿐 아니라 토마스 바흐 위원장, 그리고 북한의 고위급 인사 김여정과 김영남이 배석했지요. 국내외적으로 큰 관심이 집중된 경기였습니다. 경기 결과는 8:0 대패. 대부분 언론은 세계 수준과의 차이를 실감했다며 그래도 열심히 잘 싸워준 단일팀을 위로하는 분위기였습니다. 여기 아무도 언급하지 않았던 중요한 초월성이 담겨있는데요. 바로 남북한이 함께 '크게' 졌다는 점입니다. 어려운 상대를 만나 힘을 모아 함께 이기는 것도 좋은 경험이지만 함께 지는 경험도 못지않습니다. 스포츠에서 지는 경험은 일상적이면서도 늘 아프지요. 특히 스위스전과 같이 국내외적인 큰 관심이 집중된 경기에서 일방적으로 지는 경기를 하는 선수들은 상상하기 힘든 차원의 결속을 경험하게 됩니다. 상대도 되지 않는 강한 적에 맞서 부끄럽지 않게 경기를 마치는 경험은 남북한 여자아이스하키 선수들에게 잘 드러나지 않는 초월적인 경험을 제공했습니다. 이들이 헤어지던 날 서로를 향해 흘리던 눈물은 남북한이라는 적대적 국가 간의 갈등을 넘어선 뜨거운 초월의 결과를 웅변합니다.

걸림돌 하나-차별

지금까지 스포츠가 역사를 통해 우리에게 보여준 세 가지 힘, 연결, 결속, 그리고 초월에 대해 살펴보았습니다. 이제 평화에 도달하기 전 우리가 넘어서야 할 악덕vice에 대해 생각해 볼 시간입니다.

차별은 차이를 구별하는 것입니다. 세상에는 똑같은 사람이 없듯 각 개인은 차이를 품고 있습니다. 다르다는 점은 특별하지 않습니다. 다만 이 차이가 단순히 다르다는 의미를 넘어 부당하게 한 집단이 우월하거나 열등하다는 가치를 부여할 때 차별은 문제가 됩니다. 가장 쉽게 들 수 있는 차별로 남녀 차별이 있습니다. 대한민국은 남녀 간 임금 격차가 경제협력개발기구OECD 회원국 중 부동의 최하위입니다. 비슷한 정도의 교육을 받고 경력을 쌓아도 여자는 남자보다 30% 적은 임금을 받습니다. 2위인 일본(22%)보다 월등하게 큰 차이를 보입니다. 스포츠에 있어 남녀의 차이는 어떨까요?

여성에게 참여는 물론 관람조차 허용하지 않았던 고대 올림픽은 차치하더라도 최초의 근대올림픽인 1896년 아테네 올림픽에는 단 한 명의 여성 선수도 참가할 수 없었습니다. 근대올림픽의 아버지(이것도 상당히 문제적인 용어지요. 그럼 근대올림픽의 어머니는 누구인가요?)라 추앙받는 쿠베르탱 남작이 여성의 올림픽 참가에 대해 매우 부정적이었기 때문입니다. 심지어 그 아버지는 올림픽에서 여성의 역할은 남성들의 목에 메달을 걸어주는 것이라고 했지요. 두 번째 올림픽에서 다섯 종목에 스물두 명의 여성 선수가 참가했지만 975명의 남성 선수에 비하면 약 2%에 불과했습니다. 그 후 꽤 오랫동안 올림픽에 참가하는 여성 선수의 비율은 10% 정도에 머물렀고 여성이 올림픽 전 종목에 참여하게 된 것은 2012년 런던올림픽에 이르러서입니다. 그러고 보니 국제올림픽위원회 IOC가 올림픽 참가 선수의 성비를 50%로 하겠다고 선언한 해가 겨우 10년 전인 2014년이네요.

마라톤에 여성이 참가할 수 있는 자격을 얻기 위해 오랜 싸움을 벌여야 했습니다. 그 당시 마라톤은 여성에게 너무 힘든 운동으로 신체적, 정신적 압박이 심해 사망할 수도 있다는 전문가(대부분 남성 의사) 의견이 유력했습니다. 1967년 등에 261번을 단 캐서린 스위처는 여성 최초로 보스턴 마라톤에 출전했는데요. 출발 직후 대회 감독관에게 거친 저지를 받지만 결국 결승선을 통과합니다. 주최 측은 완주한 스위처를 실격 처리했고 그녀는 육상연맹에서 제명까지 되었지만 결국 5년 후인 1972년 보스턴 마라톤 주최 측은 여성 선수의 출전을 공식 선언합니다. 다시 12년이 지나서 1984년 여자 마라톤은 올림픽 정식 종목으로 채택됩니다.

앞에서 언급한 2020년 도쿄올림픽에 참가한 여자 선수의 비율은 49%입니다. '거의' 절반에 도달했지요. 국제올림픽위원회IOC는 최초의 성-균형gender-balanced 올림픽을 달성했다고 자찬했습니다.

좀 자세히 살펴봅시다. 도쿄올림픽에 참가한 여성 선수의 비율은 거의 반입니다. 이 수치는 2016년 리우올림픽의 45.6%, 2012년 런던올림픽의 44.2%와 비교하면 완만한 상승세를 보이죠. 리우올림픽에 비해 혼성 종목mixed events이 대폭 늘어났습니다. 총 아홉 종목이 늘어 도쿄에서는 모두 18개의 혼성 종목이 열렸습니다. 수영에 여자 1,500m 자유형과 혼계영 4×100m 경기가 새로 생겼고 육상, 사격, 양궁 등에서도 혼성 경기가 새롭게 도입되었습니다. 이른바 '숏컷 사태'의 주인공 안산 선수가 첫 금메달을 딴 종목이 바로 양궁에 처음 생긴 혼성 종목이지요. 새로 추가된 종목인 스케이트보드, 서핑, 가라테, 클라이밍에는 애초 참가 선수의 성비가 같도록 맞춰서 개최했습니다. 경기장 밖에서도 변화를 느낄 수 있습니다. 전통적으로 그 나라를 대표하는 선수(대부분 남성) 한 명이 들고 등장하던 개막식 기수를 여성 선수 1명과 남성 선수 1명이 들도록 지침을 바꿉니다. 배구의 김연경과 수영의 황선우가 각각 태극기를 들고 함께 입장한 배경입니다. 바뀐 지침으로 인해 중국과 몽골 같은 나라에서는 올림픽 역사상 최초로 여성이(비록 남성과 함께였지만) 자국 국기를 들고 개막식에 입장하게 되었습니다.

여성 선수의 숫자가 단순히 남성과 비슷해졌다고, 여성이 참가하는 종목이 조금 늘어났다고, 스포츠에서 성차별이 완전히 사라졌다고 보기 어렵습니다. 진정한 성평등은 기계적인 수치의 균형으로 완성될 리가 없습니다. 숫자로는 잘 드러나지 않는 스포츠의 근저에 도도히 흐르고 있는 여성 차별 문화가 있기 때문입니다. 일례로 노르웨이 여자 비치 핸드볼팀은 비키니 수영복을 거부하고 반바지를 입고 경기를 뛰었습니다. 그 결과 협회 규정상 벌금을 물어야 하는 상황이 벌어집니다. 반면 남자 비치 핸드볼 선수의 유니폼은 어떨까요? 물론 반바지입니다. 한편, 도쿄올림픽에 참가한 독일 여자 기계체조 대표팀은 원피스 수영복 형태의 전통적인 유니폼을 거부하고 전신 유니폼을 입고 경기에 임했습니다. 여성 선수가 스스로 성적 대상화를 거부하고 무엇을 입을지 결정하고 실행한 기념비적 사건이지요.

여성 선수들의 당당한 저항의 목소리, 그리고 이에 대한 대중의 우호적인 반응과는 달리 양궁 3관왕 안산 선수에게 난데없는 '숏컷' 논란이 일었습니다. 머리가 짧다는 이유로 '페미'가 아니냐는 댓글이 올라왔고 순식간에 여성혐오로 번지더니 급기야 안산 선수의 금메달을 박탈해야 한다는 황당한 국민청원이 등장했습니다. 21세기 대한민국에서 벌어진 이 시대 착오적인 백래시backlash는 성평등 스포츠를 향한 여정이 아직도 멀다는, 그리고 그곳에 이르는 지름길숏컷, shortcut은 없다는 현실을 방증합니다.

스포츠에서 남녀 차별을 길게 설명했는데요. 이외에도 세상에는 인종에 대한 차별, 성소수자에 대한 차별, 장애인차별 등 다양한 차별이 존재합니다. 스포츠 안에서 벌어진 모든 차별에 대항하는 역사를 보면서 스포츠 참여가 그냥 주어진 것이 아니라 쟁취해야 한다는 점은 확실해 보입니다.

걸림돌 둘-혐오

스포츠가 평화에 이르는데 작동하는 두 번째 걸림돌은 혐오입니다. 혐오란 무언가를 극도로 싫어하는 행위입니다. 편견이 굳어지면 혐오 표현이 늘어나고 이는 실제 폭력으로 실재하게 됩니다. 과거 트럼프가 미국 대통령이 되어 이민자에 대한 혐오 발언을 쏟아내자, 아시아계 이민자에 대한 묻지마 범죄가 급증한 적이 있습니다. 이와 동시에 구조적 차별이 확산하고 두려움과 결합하면 배제 집단을 향한 분노와 혐오가 실제 폭력으로 분출됩니다(마사 누스바움, 『혐오와 수치심』, 2015). 혐오의 종착역은 인류가 2차 세계대전을 통해 뼈아프게 겪은 유대인에 대한 제노사이드입니다.

스포츠를 통해 적대적인 집단의 혐오를 줄이려는 시도가 있었습니다. 지금도 전쟁이 벌어지고 있는 팔레스타인 가자지구에서 평화를 위한 농구Basketball for Peace라는 이름으로 진행된 적이 있는데요. 팔레스타인 청소년과 이스라엘 청소년을 위한 여름방학 농구 캠프가 유대계 미국프로농구NBA 선수들의 주도로 진행했습니다. 캠프를 시작할 무렵에는 서로에 대한 적대감이 높았지만, 농구 캠프가 끝날 즈음에는 서로에 관한 새로운 인식을 하게 됩니다. 팔레스타인과 이스라엘 청소년을 나눠 경기하지 않고 섞어서 했습니다. 함께 같은 팀으로 격렬한 경기를 하다 보면 결국 팔레스타인 출신의 선수가 이스라엘 선수에게 패스해야 하고 몸과 몸이 부대끼면서 땀을 흘리다 보면 서로에 대한 근원적인 동질성을 깨닫게 된다는 거지요. 즉, 내 형제와 부모를 죽이려는 원수 같은 저들도 경기를 뛰면 땀을 흘리고 숨을 헐떡거리는 생생한 인간이라는 점을 몸으로 체험하는 것입니다.

스포츠가 우리에게 줄 마지막 선물-평화

이제 스포츠가 도달할 수 있는 마지막 종착역, 평화입니다. 스포츠 경기를 보면 늘 같은 순서의 서사가 반복되고 있음을 알 수 있습니다. 경기에서 최고의 기량을 발휘하기 위해 단련하는 시간, 상대를 만나기 직전까지 설레고 두근거리는 순간, 그리고 공정한 규칙 안에서 벌어지는 치열한 승부의 시간까지. 결국 모든 스포츠 서사의 마지막은 내 편과 네 편의 경계가 무의미해지는 어떤 상태입니다. 앞서 말씀드렸듯이 럭비 경기가 끝났다는 선언을 '노사이드'라고 하는 그 상태입니다. 더는 편을 나누지 않아도 되는 상태. 바로 평화입니다.

근대스포츠의 근간이라고 할 수 있는 고대올림픽의 전통에서 평화의 흔적을 찾을 수 있습니다. 올림픽과 평화를 연결하는 가장 오래된 개념은 에케히리아ekecheiria 즉 올림픽 휴전입니다. 고대 그리스 도시국가는 일종의 군사 국가였고 도시국가 간 관계는 거의 늘 전쟁 상태였다고 합니다. 기원전 776년 도시국가 간 전투를 휴전하려는 목적으로 첫 올림픽경기를 개최합니다. 올림픽이 열리는 지역을 중립 및 불가침 지역으로 규정했고 올림픽 기간 동안 적대행위 중지를 선포했습니다.

돌아보면 2018년 평창동계올림픽이야말로 스포츠가 어떻게 지역의 평화에 이바지하는지 보여주는 가장 극명하고 역사적 사례입니다. 기약 없이 끊겼던 남북관계 회복의 돌파구는 바로 북한 김정은 위원장이 2018년 1월 3일 신년사를 통해 밝힌 북한팀의 전격적 평창동계올림픽 참가였지요. 일사천리로 남북한 단일팀 협상이 이뤄지고 이후 진행된 남북한 스포츠와 문화교류는 그동안 끊겼던 남북관계를 획기적으로 회복하는 마중물이 됩니다. 마중물은 마른 펌프에 물을 부어 바닥에 있는 지하수를 끌어올릴 때 쓰이는 물이지요. 바싹 마른 펌프에 물을 부어 넣으면 밑바닥에 있던 물줄기가 마법처럼 솟아오릅니다. 끝없는 대립과 갈등으로 갈라진 한반도에 스포츠라는 마중물은 가망이 없어 보이는 한반도 평화라는 거대한 물줄기를 선사합니다. 스포츠는 남북분단이라는 마른 펌프에서 평화라는 지하수를 퍼 올린 셈입니다.

　세계 유일의 분단국가 대한민국에 스포츠가 가져올 수 있는 평화는 선택의 문제가 아니라 한반도 공동체의 생존을 위한 필수입니다. 스포츠가 우리에게 주는 마지막 선물을 잘 펼쳐 받을 수 있기를 기원합니다.

음악의 두 얼굴

지강유철·작가

오늘 저는 히틀러의 나치가 아우슈비츠나 테레지엔슈타트 강제수용소에서 음악으로 어떤 짓을 했는지를 살피면서 우리가 외면하거나 침묵했던 음악의 이면을 드러내려고 합니다. 나치가 음악을 어떤 방식으로 인간 학살에 이용했는지를 이해하려면 인류 역사에서 음악이 어떻게, 그리고 무슨 용도로 생겼는지를 살펴야 합니다. 이제까지 거의 모든 음악사나 명곡 해설서는 음악의 한 면만 부각했습니다. 음악이 얼마나 아름답고 삶에 위로가 되는지를 중심으로 이야기를 전개했다는 이야깁니다. 감동과 위로와 희망의 메시지가 음악의 중요 기능 중 하나라는 점을 누가 부인하겠습니까. 하지만 그것은 반쪽짜리 진실입니다.

지난 13~14년간 제게 큰 자극을 준 작가 파스칼 키냐르Pascal Quignard를 인용하면서 강연을 시작합니다. 2007년 이후 독서에서 저를 가장 전율하게 만든 작가 중 한 사람이 파스칼 키냐르입니다. 그는『음악혐오』에서 같은 제목의 챕터를 이렇게 시작했습니다.

음악은 모든 예술 중에서, 1933년부터 1945년에 이르기까지 독일인에 의해 자행된 유대인 학살에 협력한 유일한 예술이다. 음악은 나치의 강제수용소 Konzentrationslager에 징발된 유일한 예술 장르다. 그 무엇보다도, 음악이 수용소의 조직화와 굶주림과 빈곤과 노역과 고통과 굴욕, 그리고 죽음에 일조할 수 있었던 유일한 예술임을 강조해야 할 것이다.1

전문 학자들의 공격에 이 주장이 얼마나 버틸 수 있을지는 모릅니다. 하지만 키냐르가 말하려고 한 중심과 의도는 알겠습니다.

오늘 강연은 폴란드 아우슈비츠와 체코 테레지엔슈타트 강제수용소에서 죽거나 구사일생 살아 돌아온 사람들이 주인공입니다. 이름을 불러보면 프리모 레비, 장 아메리, 기데온 클라인, 시몬 락스, 파벨 하스, 헤다 그랍-케른마이어, 빅토르 울만, 한스 크라사 등입니다. 이 두 수용소는 체코와 폴란드에 있었지만 1940년에 이미 독일 점령지였습니다. 아우슈비츠와 테레지엔슈타트는 모두 강제수용소였으나 성격은 판이했습니다. 아우슈비츠에는 세 개의 수용소가 있었는데 모두 절멸絶滅 수용소였습니다. 절멸 수용소는 집단학살을 목적으로 세운 수용소란 얘깁니다. 절멸 수용소에서 유대인, 집시, 성소수자, 정치범, 사회주의자는 가스실

---

1. 파스칼 키냐르, 김유진 역,『음악혐오』, 프란츠, 2017, 187쪽.

에서 굶어 죽고, 질식해 죽었습니다. 제1수용소는 1940년 4월 아우슈비츠에 세웠습니다. 거기서 3킬로미터 떨어진 비르케나우에 1941년 가을 제2수용소를 건설했습니다. 제3 수용소는 1942년 10월 모노비츠에 건립했습니다.

테레지엔슈타트 강제수용소는 1941년 11월부터 활동을 시작했습니다. 원래 이곳은 오스트리아 황제 요제프 2세가 세운 군사 주둔지 겸 요새였고, 남쪽 독일 드레스덴, 북쪽 체코 프라하와 연결되는 교통의 요지였습니다. 테레지엔슈타트는 잠시 머물다 가는 수용소였고, 독일이 적십자를 통해 포로 인권을 존중한다고 전 세계에 선전할 목적으로 세웠습니다. 포로 절반이 유대인 중 돈 많고 사회적 명성이 자자했던 교수, 의사, 연주자였습니다. 이곳으로 연주자가 몰렸기 때문에 창작곡을 세계 초연하는 수준 높은 오케스트라 연주회가 열리기도 했습니다. 그러나 테레지엔슈타트에서도 뒤에서 시체를 불태우고, 수용인을 목매달아 죽였습니다. 다른 강제수용소와는 비교가 안 될 정도로 식사도 좋았고, 어느 정도 자유도 허용되긴 했지만 거기도 죽음의 그림자는 어른거렸습니다.

나치가 만든 강제 집단수용소는 친위대 참모장 하인리히 힘믈러가 39세 친위대 장교 루돌프 회스에게 책임을 맡겼습니다. 히틀러가 세운 나치 강제수용소는 아우슈비츠가 1945년 1월 17일에, 테레지엔슈타트 게토 수용소가 1945는 5월 8일 해체됐습니다. 저 파시스트들은 4년 7개월 동안 인류 역사상 최악의 범죄를 저질렀습니다. 이들은 처음부터 가스실로 수천 명씩 몰아넣어 죽이지 않았습니다. 1941년 9월 키예프 바비 야르에서는 나치가 유대인 3만 4천여 명을 36시간 동안 총살했습니다.

그런데 이 학살에 가담했던 독일군이 자살하거나 미치는 바람에 독일군은 그때부터 병사들 피해를 최소화하는 간접적 학살 방법을 찾아냅니다. 그게 가스실이었습니다. 아우슈비츠에서는 최소 90만 명 유대인이 가스실에서 죽었고, 20만 명이 강제 노동, 기아, 질병으로 사망했습니다. 여기서는 하루 평균 2만 명, 가장 많을 때는 2만 4천 명을 죽였습니다.[2] 가스실에서 나온 시체는 크레마토리움이란 여러 대의 대형 오븐으로 태웠습니다.

테레지엔슈타트 게토 수용소는 4년 7개월 동안 14만 명을 수용했는데 여기서 3만 3천 명이 죽었고, 8만 8천 명은 아우슈비츠와 크레블링카 등으로 이송되어 대부분 가스실에서 살해됐습니다. 강제 이송에도 불구하고 살아남은 사람은 3천 5백 명에 불과했습니다. 1만 명쯤 죽지 않았다는 통계도 보이긴 합니다. 저는 이 분야 전문가가 아니라서 생존자 숫자는 두 가지 주장이 있다는 정도로 넘어갑니다.

히틀러의 나치가 강제수용소에서 음악으로 어떤 만행을 저질렀는지를 이야기하기 전에 히틀러가 1933년 집권 이후 사회 모든 영역에서 유대인 추방에 착수했음을 상기해야 합니다. 수많은 음악가가 직장에서 쫓겨나거나 연주 기회를 박탈당하다가 끝내 망명길에 올랐습니다. 음악가 멘델스존 가문은 수십 년째 이어오던 당시 베를린 5대 은행 중 하나였던 가업을 몰수당하고 아우슈비츠로 끌려가는 등 가족이 풍비박산 났습니다.

강제수용소로 끌려가 연주해야 했던 음악인은 아우슈비츠로 입감하는 포로 환영식, 강제 노동에 나가고 들어오는 이들을 위해 아침, 저녁으

---

2. 이경분, 『수용소와 음악』, 성균관대학교 출판부, 2021, 209쪽.

로 행진곡이나 민요 등을 연주했습니다. 독일군 장교와 가족을 위해, 그리고 적십자 직원 앞에서, 여긴 지옥이 아니라 천국이라는 가짜 보여주기 쇼에 동원돼서 또 연주했습니다. 심지어 자기 동료의 사형 집행장에서, 가스실에서 죽어가는 수천 명의 비명悲鳴 은폐를 위한 연주도 해야 했습니다.

거의 모든 강제수용소 수용인은 수용소에 가두는 과정에서 음악으로 엄청난 정신적 육체적 폭력을 경험했습니다. 수용소 입소 후 수용인들은 시도 때도 없이 노래하라는 명령을 받았습니다. 즉시 명령에 따르지 않는다 싶으면 무차별 구타를 당했습니다. 불러 보라고 시킨 노래를 "모른다는 이유로, 너무 부드럽게 노래한다는 이유로, 너무 큰 소리로 노래한다는 이유로" 맞았습니다. 유대인에게 '예수님의 피와 상처'란 찬송가를 부르라고 강요하다 안 부르면 팼습니다. 독일군 개를 자처하는 카포들은 '나치 노래', 외설적 노래를 강요했습니다. 안 부르면 안 부른다고, 노래를 잘못 하면 못 한다고 또 때렸습니다.

이제부터는 아우슈비츠든 비르케나우든 테레지엔슈타트든 나치의 강제수용소에서 히틀러 군대가 강요한 음악을 연주해야 했던 연주자와 그 음악을 무조건 듣거나 명령에 따라 노래를 불러야 했던 수용인들에게 어떤 영향이 남았는지를 살펴보겠습니다. 하루라도 목숨을 부지하기 위해 독일 군인과 동포들로부터 이중 삼중으로 모욕과 차별과 학대를 당하면서 가스실 앞에서, 교수대 앞에서 연주를 해야만 했던 연주자들 반응부터 알아봅니다.

연주자 반응

헤다 그랍-케른마이어 Hedda Grab-Kernmayer (1899~1990)

체코 출신 메조소프라노 헤다 그랍 케른마이어는 1941년 12월 17일 테레지엔슈타트 게토 수용소로 강제 이송되었으나 마지막까지 아우슈비츠로 끌려가지 않고 풀려났습니다. 그 뒤에 미국으로 이민하였습니다. 그는 드보르자크 〈성서의 노래〉, 올리비에 메시앙의 〈사라진 약혼녀〉, 조르주 비제 〈카르멘〉 등으로 유명했던 유명 가수였습니다. 이후 그녀는 다시 노래를 부르지 않았습니다. 아니 아우슈비츠에 있던 이들의 요청에도 불구하고 평생 음악 이야기를 거부했습니다.

조피아 치코비악 Zofia Cykowiak (1923~2009)

제2 수용소 비르케나우에서 여성 수용인 오케스트라 단원이었던 폴란드인 조피아 치코비악은 연주 중에 죽음의 행렬에 늘어선 사람이 조금 뒤 죽을 줄 모르고 "오케스트라가 있는 걸 보니 여기도 그다지 나쁘지 않다"라는 말을 들었습니다. 그녀는 벌거벗은 여성 수용인 앞에서 연주한 적도 있었는데, 음악을 들으며 그들은 "하나님 이런 데서 음악이라니요"라며 울부짖었던 일을 기록으로 남겼습니다. 나치는 그렇게 인간을 최종적으로 파괴했다고 증언했습니다. 전쟁이 끝나고 조피아는 음악을 들을 수 없었습니다. 10년이 지난 1955년 큰맘 먹고 콘서트에 갔다가 푸치니 오페라 〈나비부인〉 아리아를 듣고 까무러쳤습니다. 친위대 장교가 좋아해서 수용소에서 자주 연주했던 곡이었기 때문입니다.

시몬 락스Simon Laks(1901~1983)

시몬 락스는 폴란드 바르샤바 출신의 유대인 작곡가이자 지휘자입니다. 지휘자였기에 수용인을 유심히 관찰할 수 있었습니다. 그는 "음악이 불행한 이들의 용기를 꺾고 그들을 파멸로 이끌었다"라고 썼습니다.[3] 1948년에 쓴 『다른 세상의 음악』에서 락스는 1943년 성탄절 무렵 수용소에서 있었던 일화를 들려줬습니다. 수용소의 슈바르츠후버 사령관은 성탄 이브에 여성 병동 환자들 앞에서 독일과 폴란드 성탄 노래를 연주하라고 명령했습니다. 제 후배의 독일어 번역으로 소개합니다.

몇 마디 연주하지 않아서 도처에서 낮은 울음소리가 들렸다. 그 울음소리는 연주를 계속할 수 없을 정도로 커졌다. 지휘자 시몬 락스는 어떻게 해야 할지 판단을 못하고 쩔쩔매고 있는데 청중석에 앉아 있던 한 사람이 큰 소리로 말했다. "됐어, 충분하다고! 이제 그만! 밖으로 나가, 나가라고! 우리 좀 조용히 뒈지게 내버려둬!

시몬 락스는 아우슈비츠에서 음악을 지시한 독일 친위대 장교의 반응도 소개합니다. 수많은 인간을 학살한 친위대 장교가 잠시 음악에 감동하여 짐승에서 인간이 되는 장면을 드물지 않게 목격할 수 있었다고 『아우슈비츠에서의 음악』에서 말했습니다.

친위대SS가 음악을 들으면, 특히 자신이 좋아하는 음악을 들으면, 인간 비슷

---

3. 파스칼 키냐르, 『음악혐오』, 204쪽.

한 존재로 변하기 시작한다. 목소리는 평소의 쉰 목소리가 아니고, 사근사근하게 된다. 그래서 친위대SS는 거의 친구처럼 얘기한다. 때로는 어떤 선율이 그와 가까운 사람을 생각나게 하면, … 눈에는 안개 같은 것이, 인간의 눈물과 비슷한 게 보인다. … 음악을 너무 사랑하여 울 수 있는 인간이 동시에 그 끔찍한 일을 다른 인간에게 할 수 있을까? 그렇다. 쉽게 믿을 순 없겠지만.

시몬 락스는 그랍-케른마이어나 조코비약과 달리 전쟁이 끝나고 책을 써서 테레지엔슈타트 강제수용소의 반인륜 범죄를 고발하는 한편 작곡도 열심히 했습니다. 유튜브에서는 그가 아우슈비츠를 경험하기 전과 후의 음악을 모두 검색해 들어볼 수 있습니다.

수용인(관객) 반응
프리모 레비Primo Michele Levi(1919~1987)
아우슈비츠 제3 강제수용소 모노비츠에서 죽지 않고 살아 돌아온 프리모 레비는 아우슈비츠에 처음 도착했을 때 군악대가 연주하는 〈로자문데〉 3막 간주곡을 들었습니다. 말하자면 강제수용소 입소를 환영한다며 슈베르트를 연주한 겁니다. 이때 레비는 밀려오는 조소를 참을 수 없었습니다. 레비뿐 아니라 유럽 사람들에게 너무 잘 알려진 로자문데가 "이런 상황에서 연주된다는 게 너무 이상해서 수감 동료는 서로를 보며 어이없다는 듯 웃었습니다. 비유하자면 결혼식에서 축가로 장례식장에서 부르는 "며칠 후 며칠 후 요단강 건너가 만나리" 찬송가를 부르는 격이었으니 말입니다.

그때가 1943년 말이었기 때문에 아우슈비츠로 끌려간 유대인은 모두 그들이 다시 고향에 못 돌아올 길이라는 걸 알고 있었습니다. 이미 그들은 구타와 굶주림, 갈증으로 죽을 고비를 넘기며 아우슈비츠에 도착했습니다. 그런 상황과는 전혀 어울리지 않는 슈베르트의 감미롭고 달콤한 음악이라니! 프리모 레비는 〈로자문데〉가 연주될 때 기이한 모양새를 하고 행진해 들어오는 수용인을 봤습니다. 오열 종대로 목을 뻣뻣이 세운 채 팔을 몸에 붙이고 걷고 있었는데 프리모 레비는 그 모습이 나무토막 같다고 느꼈습니다. 〈로자문데〉 간주곡이 끝나자, 행진곡을 연주했는데 나무토막 같은 수용인은 나막신을 신고 음악에 발을 맞췄습니다. 이들에게 나막신을 신긴 건 걸을 때마다 소리가 나서 쉽게 도망가지 못하게 하기 위함이었습니다. 프리모 레비는 『이것이 인간인가』에서 이 대목을 이렇게 썼습니다.

그 음악이 울릴 때 우리는 밖에, 안개 속에 있는 동료들이 로봇처럼 행진을 시작한다는 것을 알고 있다. 그들의 영혼은 죽어 있다. 음악은 바람이 낙엽을 날리듯 그들을 떠밀며 그들에게서 의지를 몰아낸다. 의지 같은 건 이제 없다. 북소리의 박자가 걸음이 되고, 반사작용으로 지친 근육을 잡아당긴다. … 그들의 의지를 대신한 것이 바로 음악이었다.

수용소에서 경험한 음악은 그 이후 평생 레비를 괴롭혔습니다. 프리모 레비가 음악을 두고 남긴 말은 끔찍합니다. 레비가 수용소에서 들었던 음악, 특히 클래식 음악은 그곳에 갇힌 수용인을 '나락'으로 끌고 갔습니다. 음악은 '저주'였습니다. 프리모 레비는 전쟁이 끝나고도 오랫동안 수용소에서 들은 음악에 시달렸습니다. 그래서 레비는 질문했습니다. "… 도대체 왜 지금까지도 그 무해한 노랫가락이 기억 속에 되살아나면 혈관 속의 피가 얼어붙는지." 레비는 독일인이 계획한 이 기괴한 음악 광란의 목적이 무엇이었는지를 이해하기 위하여, 즉 "악이 의미하는 것이 무엇이었는지를 이해하기 위하여 복종하거나 감내하지 않는 상태에서 그 노래를 다시 들어보려고 노력했습니다.

로마나 두라초바

"우리는 작업장에서 돌아오고 있었다. 막사가 가까워졌다. 비르케나우 수용소의 여성 오케스트라가 당시 유행하던 폭스트롯을 연주하고 있었다. 오케스트라는 우리를 약 올리고 있었다. 어찌나 그 음악이 증오스럽던지! 연주자가 얼마나 혐오스럽게 느껴지던지!"

카지미에시 귀즈카

"수용인이 대열에서 비틀거리며 행진하고 있을 때, 미리 철책 부근에서 연주하고 있는 오케스트라의 음악을 들었다. 그 소리가 수용인에게 마음의 평안을 안겼다. 음악은 살아남을 수 있는 특별한 용기와 힘을 주었다."

음악은 악기이고 무기이며 덫이다.

이제 오늘의 결론을 먼저 말씀드리고 설명을 이어가겠습니다. 서경식 선생은『나의 서양음악 순례』에서 매우 심각한 질문을 던집니다.

아우슈비츠에서 드러난 음악의 폭력성은 음악을 악용한 결과인가, 아니면 음악의 본래적 속성인가? 음악을 악용했다면 명시적이든 암시적이든 음악에 이용당하지만 않는다면 음악이 본래 선한가?[4]

서경식은 이에 대해 이렇게 답했습니다.

음악은 본래 선한데, 그것을 누가 악용하는 게 아니다. 오히려 음악 자체에 그런 폭력성이 감춰져 있는 것이다. 다만 이 경우의 '폭력성'이라는 말은 도덕적 비난 대상에만 한정되지 않는다. 때로는 "말로 표현할 수 없을 만큼" "폭력적이기까지 할 정도로" 매혹적인 것도 말을 매개로 하지 않는 음악이라는 예술의 특징이기 때문이다.[5]

서경식과 파스칼 키냐르, 그리고 플라톤을 위시한 그리스 음악가는 음악이 "샤머니즘에서 확실한 역할을 담당한다"라고 생각했습니다. 샤먼이 다른 세상과 교신을 통해 그곳 얘기를 전하듯 음악도 그러하다는 것입

---

4. 서경식,『나의 서양 음악 순례』, 창비, 2011, 288쪽.
5. 서경식,『나의 서양 음악 순례』, 295쪽.

니다.

서경식은 "무엇 때문에 청각에는 이 세상의 것이 아닌 데로 통하는 문이 준비되어 있는 걸까. 무엇 때문에 청각 우주는 그 기원부터 저세상과의 특권적인 왕래를 본질로 삼아온 걸까"라고 반문하면서 음악의 본질을 알고 싶으면 무당을 보라고 말합니다. "무당이 어떤 격렬한 리듬이나 기묘한 선율에 몰입해 다른 세계와 교신하는 모습"에서 음악 탄생의 비밀이 보인다는 겁니다. 그런 의미에서 음악은 다른 세계와 교신한다는 의미에서 은총인 동시에 작두 위에 올라서야 하기에 폭력이기도 하다는 것입니다.

서양음악의 본질

서양음악의 근간은 고대 그리스 음악입니다. 이 사실은 어떤 음악을 전공하든, 전 세계 어디서든 이견이 없는 정설입니다. 고대 그리스 음악은 소수의 단편만이 현존하지만, 그리스의 철학자가 남긴 기록을 통해 우리는 당시의 음악관, 그들이 이해한 음악의 기원을 비교적 상세히 알 수 있습니다. 서양음악의 근간이 고대 그리스 음악이란 사실은 모든 논의가 거기서 시작됐다는 역사적 의미만을 갖지 않습니다. 그때엔 그런 의미가 있었지만, 오늘에는 역사적 가치만 가진 게 아니란 뜻입니다. 그리스 음악사상은 인류 역사에 지울 수 없는 영향을 끼쳤고, 지금도 그 이야기를 빼놓고는 오늘의 음악 문제를 적절하게 논한다는 게 거의 불가능합니다. 현대인에게 음악이란 종종 오락거리일 때가 많지만 고대 그리스 사람은 음악이 세계와 우주에 대한 중요하고 근본적인 진리를 제시한다는 사실에 추호의 의심도 없었습니다. 그리스 사람이 생각했던 음악은 삶의 거의 모든 측면에 연루된 진지하고 심각한 문제였습니다. 그들의 음악 개념은 현대인이 상상할 수 없을 정도로 포괄적이고 광범위했습니다. 고대 그리스에서 시와 음악, 연극, 춤은 분리된 게 아니라 이 모두가 무지케Mousike, 즉 음악이었습니다. 또한 그들에게 예술과 공예도 나눠지는 게 아니었습니다. 그리스인에게 음악 없는 삶과 문화는 상상할 수 없었습니다.

웨인 D. 보먼은 그의 『음악철학』에서, "당시에는 삶으로부터 예술을 분리하는 일은 상상할 수 없었고, 음악은 한가로운 기분 전환 거리나 소일거리가 아니라 생활에 필수적이었고, 교육받은 개인의 표지였고, 거의 모든 사회 구성원의 기대였다"고 말했습니다. 그렇기에 고대 그리스에서 어떤 사람을 비非음악적이라고 말하는 건 그가 무지를 넘어 비非문명인이라는 의미였습니다.[6]

플라톤과 고대 그리스 음악

고대 그리스인은 음악을 과학이면서 동시에 예술로 인식했습니다. 피타고라스는 소리와 숫자의 관계를 수학적으로 밝혀냈습니다. 그는 다른

---

6. 웨인 D. 보먼, 『음악철학』, 까치, 2011, 37쪽.

크기의 행성이 우리 귀에 들리지 않지만 서로 다른 음높이를 방출하면서 거대한 우주적 하모니를 만들어낸다고 주장했습니다. 이를 근거로 피타고라스는 도덕적, 정신적 삶은 음악과 밀접한 관련이 있다고 주장했습니다. 그는 음악의 본질이 무엇이고 그것이 자연계의 법칙과 어떻게 연관되는지를 밝혀냈습니다. 철학자이자 수학자이자 음악가였던 피타고라스는 "수를 만물의 근원"으로 보았고, 그런 의미에서 수학·기하학·천문학·음악이 근본적으로 동일하다고 주장했습니다. 피타고라스는 음악적 두 소리 사이에서 옥타브(2:1)가 가장 완전한 협화음이고, 완전 5도(3:3)는 두 번째 협화음, 그리고 완전 4도(4:3)는 세 번째 협화음이란 사실을 밝혀내기도 했습니다. 이러한 피타고라스에게 우주의 핵심인 숫자와 음악은 분리될 수 없었습니다. 이를 한마디로 요약하면 음악은 우주 질서를 반영합니다.

고대 그리스 음악에서 가장 중요한 인물은 플라톤(B.C. 427~347)입니다. 음악철학 논의에서 플라톤보다 더 지속해서 영향력을 끼쳤던 인물은 없다고 보는 게 맞습니다. 플라톤은 음악을 매우 진지하게 대했습니다. 그럴 수밖에 없었던 건 음악이, 사회, 정치, 교육뿐 아니라 삶의 모든 단면에 막대한 영향을 끼친다는 걸 간파했기 때문입니다. 앞에서 언급했듯 플라톤은 피타고라스로부터 상당할 정도로 영향을 받았습니다. 이 한마디로 왜 플라톤에게 음악이 그토록 삶 전체에 결정적 영향을 끼친다고 생각했는지는 굳이 설명을 길게 할 필요가 없겠습니다.

플라톤은 음악에 대해 양면적이었습니다. 이것이 매우 중요합니다. 왜냐하면, 많은 사람은 플라톤이 음악에 끼친 영향을 말하면서 그가 걱정하고 염려한 음악의 부정적 측면은 모르거나 안다고 해도 외면하는 경향이 강하기 때문입니다. 그렇습니다. 플라톤은 음악을 향해 한편으로는 마음에서 우러나오는 존경을 드러내면서도 다른 한편으로는 깊은 의심의 눈초리를 거두지 않았습니다.[7] 플라톤은 이미 그때부터 음악의 중요성과 함께 위험성을 감지했습니다. 그는 음악이 관능적이고, 사람을 기만할 수 있고, 인간의 성격에 강력한 악영향과 더불어 국가 안보를 해칠 수 있음을 간파했습니다.

플라톤은 『국가』에서 음악이 너무 지나치면 사람을 나약하게 하고 민감하게 하는 반면 체육이 너무 지나치면 사람을 미개하고 폭력적이며 무지하게 만들기 때문에, 이 두 가지는 반드시 균형을 이루어야 한다고 가르쳤습니다.

"음악은 몸 속으로 침투하여 영혼을 지배한다. 피리는 인간의 팔다리를 움직여 춤추게 한다. 저항할 수 없는, 음란하게 골반을 흔드는 춤이다. 인간의 육체는 음악의 먹잇감이다. 음악은 육체에 침입하고 그를 사로잡는다. 음악은 자신이 지배하는 인간을 노래라는 덫에 가두어 복종하게 한다. … 음악은 이목을 끌고 마음을 사로잡아, 소리가 울리는 그곳에 붙잡아 둔다. 음악은 최면을 걸어 무언가를 표현할 수 있는 인간이길 포기하게 만든다. 듣고 있을 때, 인간은 한낱 수감자에 불과하다."[8]

7. 웨인 D. 보면, 『음악철학』, 39쪽.
8. 플라톤, 『국가』, 제3권 401D.

플라톤의 이런 생각은 그보다 27년 늦게 태어난 소아시아 퀴메의 역사가 에포루스(B.C. 400~330)와 150년 늦게 태어난 그리스 역사가 폴리비우스(B.C. 200?~118?)로 이어졌습니다. 에포루스는 "음악은 유혹하고 사로잡기 위해 만들어진 것이다"이라 했는데 폴리비우스는 그의 말을 인용하여 음악은 유혹하고 사로잡기 위해 사기술을 쓴다면서 음악은 기원에서부터 사기와 관련이 있다는 섬뜩한 말을 했습니다.

플라톤, 에포루스, 폴리비우스의 전율할 만한 음악 이야기는 인류 최초 악기인 피리 기원에서도 어른거립니다. 인류 역사에서 가장 오래된 악기는 독일 가이센클뢰스터를레에서 발굴된 B.C. 3만 6,800년 전의 뼈로 만든 피리입니다. 그리스 신화에서 피리는 여신 아테나가 발명했습니다. 아테나는 황금 날개와 멧돼지의 어금니를 한 가마우지의 목구멍에서 새어 나오는 비명을 듣고는, 그 소리를 흉내 내기 위하여 최초의 피리인 아울로스를 만들었습니다. 가마우지의 울음은 너무 매혹적이라 들으면 공포를 느끼며 온몸이 얼어붙게 했습니다. 가마우지는 그때 사냥감을 죽였습니다. 최초의 피리(음악)는 공포로 사람을 죽게 했습니다. 즉 피리는 악기이자 무기였습니다. 고대인은 새의 울음을 흉내 낸 피리를 만들고 이걸 미끼새라고 불렀습니다. 그러니까 미끼새 소리를 유인해 동물을 잡았습니다. 여기서 이게 사실이냐 아니냐를 따지는 건 우습습니다. 중요한 건 음악을 우리와는 상상할 수 없을 정도로 많이 연구하고 생각하고 악기와 악보를 만든 그리스인은 음악에서 처음부터 피비린내를 맡았다는 것입니다. 파스칼 키냐르의 저 무시무시한 말의 근거는 그리스 사상입니다. 재미있는 건 피리 때문에 잡아먹힌 동물의 복수가 시작됐다는 점입니다.

세이렌

그리스 신화에는 세이렌이란 바다 괴물이 등장합니다. 상반신은 여인이고 하반신은 새의 모습을 하고 있는 괴물입니다. 세이렌은 뱃사람을 노랫소리로 유혹해 죽입니다. 오디세우스는 고향으로 돌아가면서 세이렌의 노래를 듣고 싶어 밀랍으로 귀를 틀어막게 하고 자신을 돛대에 꽁꽁 묶어 풀어지지 않도록 부하들에게 명령합니다. 노래가 들려오자, 오디세우스는 세이렌 쪽으로 가려고 미쳐 날뛰면서 풀어달라고, 저 음악 소리가 나는 쪽으로 가게 해 달라고 부르짖습니다. 선원들이 그럴수록 밧줄을 더 조였기 때문에 오디세우스는 살아남을 수 있었습니다. 세이렌 노래를 들은 사람이 죽지 않으면 세이렌은 자살하고 주검은 바위가 됩니다. 그러나 그 노래는 죽지 않아 지금도 선원이 그 소리를 들으면 그들이 탄 배는 침몰합니다. "다가가면 죽는다는 걸 알면서도 끌려가는 것, 거절할 수 없는 것", 그것이 음악입니다.

〈마우트하우센의 사진사〉 (2018)

이제부터는 바르셀로나 출신 여성 제작자 겸 감독인 마르타 타가로의 2018년 영화 〈마우트하우센의 사진사〉의 세 장면을 감상하면서 이야기를 이어가 보도록 하겠습니다. 이 영화 실제 주인공은 스페인 사회주의자 사진사 프란시스코 보시 캄보(1920~1951)입니다. 프랑코 독재와 싸웠던 캄보는 프랑스로 망명하였다가 제2차 세계대전을 맞았고 외인부대로 복무 중 포로가 되었습니다. 마우트하우센 강제수용소에는 7천여 명의 스페인 사람이 조국에서 버림받은 뒤 수용소에 갇혀서 열악한 환경과 끔찍한 노동, 부조리한 폭력과 변덕스러운 처형에 시달리고 있었습니다. 프란츠 소장과 '식별 담당관' 파울 리켄은 수용소의 생활을 사진으로 찍어 남기는 괴상한 취미를 갖고 있었습니다. 그랬기 때문에 사진사 경험이 있는 프란시스코는 리켄의 조수로 배정받습니다. 사회주의자였던 프란시스코는 나치의 공공연한 전쟁범죄와 나치 최고 간부가 수용소를 방문한 사실을 증명하는 사진 필름을 확보합니다. 그래서 겉으로는 나치 간부에게 순종하는 척하면서 뒤로는 목숨을 걸고 필름을 빼돌릴 작전을 꾸밉니다. 독일 패전이 가까워져 오자 나치는 사진 자료를 파기하려 하지만, 프란시스코와 동료들은 필름을 위안부 포로, 정직한 독일인, 심지어는 수감자조차 경멸하는 불한당 포로에게까지 필름을 나눠줍니다. 전쟁 도중 직접 필름 반출은 실패했지만, 종전 후 캄보는 뉘른베르크 전범 재판에 증인으로 출석해 사진 공개로 나치 만행을 전 세계에 알렸습니다. 이 영화에서 제가 주목한 두 장면을 보면서 이야기를 하도록 하겠습니다.

음악과 함께 사형 장면(1:17~22:38)

우리가 먼저 볼 장면은 탈옥하려다 붙잡힌 수용인 공개 처형 장면입니다. 이때 수용소 소장은 사형을 집행하기 전에 "처형 장면을 잘 보고 기억하라. 마우트하우센에서 수용소에서 탈출하는 포로는 없다"라는 단 두 마디 연설 뒤 사형을 집행합니다. 탈옥수가 교수형으로 죽자 한 사람씩 그 앞을 지나면서 똑바로 쳐다보게 합니다. 이때 수용소 포로들은 음악을 연주합니다. 마르타 타가로 감독은 수용인이 죽은 탈옥수를 한 사람씩 쳐다보는 장면을 약 3분간 보여줍니다. 영화에서 한 장면을 3분간 보여준다는 건 엄청난 파격입니다.

마우트하우센 강제수용소는 소편성의 악대를 운영했지만, 더 큰 수용소는 수용인으로 구성된 오케스트라를 운영했습니다. 이들은 친위대의 지시에 따라 연주했습니다. 이 오케스트라는 국제적십자 대표단이 수용소를 방문했을 때 연주하게 해 무차별 사형집행과 폭행이 없는 안전한 수용소처럼 보이도록 위장했습니다. 레퍼토리는 상황에 따라 다양했으며 일반적으로 행진 음악, 노래, 경음악, 댄스 음악, 대중 노래, 영화 음악, 오페레타 멜로디, 클래식 음악 및 오페라 발췌곡 등등이었습니다. 히틀러의 생일과 다른 나치 공휴일에 하는 공연도 그들 몫이었습니다. 이들은 다른 수용인보다 많은 특권을 누렸습니다. 하지만 같은 죄수들 사이에서 따돌림을 당했고, 독일군과 카포에게 개처럼 모욕당했습니다. 이들 중 상당수는 평생 죄책감과 우울감에 사로잡혀 살았습니다. 왜냐하면, 자기 동족이 사느냐 죽느냐를 선택당하는 그 자리에서도 연주해야 했기 때문입니다. 그들은 음악 노예였습니다.

베토벤 음악의 중독성(1:10:04~13:08)

우리가 이제 볼 장면에서 주인공 프란시스코는 마우트하우센 강제수용소 소장 아들 생일에 소장 집으로 불려 가서 사진을 찍습니다. 제게 앞

장면만큼 인상적이었던 건 리켄이 베토벤 소나타 월광을 듣는 장면입니다. 그는 자기를 추천해 줘서 고맙다는 프란시스코의 말을 중단시키고 "아, 베토벤"이라면서 진지하게 음악을 듣습니다. 그 이후 소장의 초등학생 아들에게 실제 권총 선물을 합니다. 그리고 소장은 총알을 장전해 표적을 쏘게 하다가 파티를 수발드는 수용인 두 사람을 쏴 죽입니다. 그 이후 난리가 납니다. 그 와중에 리켄은 프란시스코에게 와서 이렇게 말합니다.

난 가겠네. 몸조심해. 독일 음악이라는 게 가끔 듣다 보면 너무 강렬해, 이해하나? 좋아!

영화감독은 베토벤을 그토록 좋아하는 리켄이 가학적 취미로 죄수들을 고문하고 모욕하고, 처형하는 장면을 찍습니다. 그리고 베토벤의 월광 소나타가 흐르는 가운데 프란츠 소장은 인간 사냥을 합니다. 그것도 어린 아들과 함께 말입니다. 감독은 이 장면을 통해 우리에게 하고 무슨 말을 하고 싶었을까요. 파스칼 키냐르가 한 이 말이 아니었을까요?

가장 세련되고 난해한 음악을 사랑하는 사람들이 그 음악을 들으며 눈물을 흘릴 줄 아는 동시에 잔혹해질 수도 있다는 것에 사람들이 놀란다는 사실이 나는 놀랍다. 예술은 야만에 반대하는 것이 아니다. 이성은 폭력의 반대가 아니다. 우리는 자유의지와 국가를, 평화와 전쟁을, 피 흘림과 사상을 대립시킬 수 없다. 왜냐하면, 자유의지와 죽음, 폭력, 피, 사상은 어떤 논리에서도 자유롭지 못하기 때문이다. 그때 논리는 설사 그것이 이성을 거스른다고 하더라도 여전히 하나의 논리로서 머물러 있는 것이다.

음악과 인권

이제 마지막 주제인 음악과 인권에 대해 말씀드려야 할 시간입니다. 저는 다문화평화교육연구소가 주관한 강좌에 참여한 선생님들 앞에서 인권을 감히 입에 담을 수 없는 사람입니다. 인권이라면 제가 여러 선생님에게 경청해야 할 일이지 그 반대는 아닙니다. 더군다나 제가 읽은 책과 음악 이야기에 따르면 아우슈비츠로 통칭하는 유대인, 집시, 성 소수자, 사회주의자를 처형한 그곳에 수용인의 인권은 존재하지 않았습니다. 제게는 절멸수용소에서 죽거나 겨우 살아난 사람 이야기에서 감히 인권이란 주제로 말할 수 없습니다. 해서 2007년 이후 저를 가장 전율하게 했던 장 아메리Jean Améry의 『죄와 속죄의 저편』을 그냥 읽도록 하겠습니다. 그게 어설프고 피상의 나락으로 미끄러지는 것보다는 훨씬 낫다고 확신하기 때문입니다.

• 그러나 아우슈비츠에서 정신적인 사람은 고립되고, 완전히 홀로 고립되었다. 그곳에서는 정신과 잔인함이 만나는 문제가 훨씬 더 과격한 모습으로, 이런 표현이 허용된다면 훨씬 더 원색적인 형태로 나타났다. 아우슈비츠에서 정신이란 그 자체 외에 아무것도 아니며 … (30쪽)

• 실제로 정신적인 사람은 항상, 어디서나 권력에 전적으로 의존적이었다. 권력을 정신적으로 의심하고 그것을 자신의 비판적 분석 대상에 포함시키지만, 동일한 지적인 작업 과정에서 권력에 굴복하는 습관이 배어 있었다. (40~41쪽)

• 아우슈비츠에는 문학적·철학적·음악적 형상을 한 죽음을 위한 자리는 없었다. (48쪽)

• 세상 어디에서도 현실이 수용소만큼 그렇게 많은 영향력을 가진 곳은 없으며, 세상 어디서도 그렇게 현실인 곳은 없다. 다른 어떤 곳에서도 현실을 뛰어넘으려는 노력이 그처럼 불가능하고 그렇게 무가치하게 보이지 않았다. 말없이 서 있는 담벼락에 관한 시구처럼, 그리고 바람에 펄럭이는 깃발처럼, 철학적 진술은 그것의 초월성을 상실하고, 우리 앞에서 한편으로는 너무나도 사실적인 주장으로, 다른 한편으로는 허황된 수다로 변해 버린다. 그것이 무엇인가를 의미했던 곳에서는 통속적으로 보이고, 그것이 통속적으로 보이지 않았던 곳에서는 더 이상 아무것도 의미하지 않았다. 그것을 인식하기 위해 의미론적 분석이나 논리적 구문론을 필요로 하지 않았다. 감시탑을 바라보며, 화장터의 지방 태우는 냄새를 맡는 것으로 충분했다. … 우리는 수용소에서 '더 깊어지지도' 않았다. 우리가 아우슈비츠에서 더 선해지지도, 더 인간적이지도, 인간에 대해 더 호의적이고 윤리적으로 성숙해지지 않았다는 것은 주변적인 이해라고 나는 생각한다. 우리는 탈인간화된entmenscht 사람의 행동이나 범행을 보면서, 인간의 타고난 존엄에 관한 생각에 의구심을 품지

않은 채 그 사람을 쳐다볼 수 없었다. (51~53쪽)

• 말은 우리에게는 이미 오래전에 숨을 거두었다. 우리에게는 말의 죽음을 애도할 감정조차 남아 있지 않았다. (55쪽)

• 내 몸의 경계는 내 자아의 경계이기도 하다. 피부는 외부 세계에 대해 나를 보호한다. 내가 신뢰를 가지려면 내 피부의 표면에서 내가 느끼고자 하는 것을 느낄 수 있어야 한다. 그러나 첫 번째 구타와 함께 세상에 관한 이 같은 신뢰가 무너진다. 내가 세상에서 신체적으로는 반대하지만, 경계로서 내 피부의 표면에 접촉하지 않는 한 함께 존재할 수 있는 다른 사람은 그 첫 번째 구타로 내게 자신의 육체성을 강요한다. 그는 내게 접촉함으로써 나를 파멸시킨다. 그것은 강간, 곧 두 당사자 중 한 사람의 동의가 없는 성행위와 같은 것이다. (71쪽)

• 가해자들과의 논쟁에서, 그들을 도왔던 사람들과의 논쟁에서, 그것에 대해 침묵했던 다른 사람들과의 논쟁에서 객관성을 요구하는 것은 내게는 논리적으로 무의미해 보인다. 범행은 범행이고, 그 어떤 객관적 성격도 갖지 않는다. 대량 학살, 고문, 모든 종류의 신체 훼손은 개괄적으로는 공식화된 자연과학적 언어로 기술될 수 있는 물리적 사건의 연속 외에는 아무것도 아니다. 그것은 물리적인 사건 내부에 있는 사실이지, 도덕적인 체계 속에 있는 행위가 아니다. 민족사회주의의 범죄는 모든 것을 자신의 총통과 제국의 규범 체계에 넘겨준 범인들에게 도덕적인 성격을 부여하지 않는다. 자신의 행위를 양

심과 연결하지 않은 범행자는 그 범행을 자기의지의 객관화로 알 뿐, 도덕적인 사건으로 보는 것은 아니다. … 나의 원한은 범죄가 범죄자에게 도덕적 현실이 되도록 하기 위해, 그가 자신이 저지른 범행의 진실과 대면하도록 하기 위해 존재한다. (144쪽)

• 박해의 체험은 최종적인 근저에서는 극단적인 고독의 체험이다. (145쪽)

• 나태하고 값싸게 용서하는 자는 사람들이 '자연적'이라 부르는 사회적이고 생물학적 시간 감각에 굴복한다. (147쪽)

• 대부분 사람은 당시 우리 같은 사람들에게 거칠게 대하지 않으면 그것은 국가에 대한 범죄일 뿐 아니라 그들 자신의 자아에 대한 범죄라고 믿었다. 많은 사람은 친위대원이 아니라 노동자, 색인 카드 운반자, 기술자, 타이피스트였고, 그들 중의 소수만이 당의 표식을 달고 있었다. 나에게 그들은 모두 합쳐서 독일인이었다. 그들 주변에서나 우리에게서 일어난 일을 그들은 정확히 알고 있었다. 그들은 우리와 마찬가지로 가까운 가스 처형실에서 나오는 타는 냄새를 맡았고, 전날 도착한 희생자를 분류하는 선별대에서 가져온 옷을 입고 있었기 때문이었다. 조립공인 용감한 노동자 파이퍼는 성실함으로 얻은 겨울 외투, 그가 말하는 '유대인 외투'를 입은 모습을 자랑스럽게 내게 보여주었다. 그들은 그 모든 것을 정말로 당연하다고 여겼고, 그것은 내게 놀라울 정도로 분명했다. (151쪽)

• 이 순간 수감자 십장이자 공포를 불러일으킬 정도로 건장했던 폴란드 전문 범죄자 유스첵이 내 눈앞에 떠오른다. 아우슈비츠에서 그가 한 번은 사소한 일로 내 얼굴을 때렸는데, 그 사람은 자기의 지휘권 밑에 있는 모든 유대인을 그렇게 다루는 데 습관이 배어 있었다. 이 순간 내가 더없이 분명하게 느낀 것은 사회에 저항하는 오래된 나의 방식에서 한 걸음 더 나아가는 것은 다름 아닌 나 자신에게 달려 있다는 것이었다. 나는 공개적인 반란 행위로 십장인 유스첵의 얼굴을 갈겼다. 나의 존엄성은 주먹질을 가한 그의 턱에 놓여 있었다. 그다음 결국 제압당하고 처참하게 얻어맞은 이는 당연히 신체적으로 훨씬 나약한 나였고, 더 이상 의미를 갖지는 못했다. 그러나 나는 고통스럽게 매를 맞으면서도 나 자신에게 만족했다. 용기나 명예 때문이 아니라, 오로지 신체가 우리 자아의 모든 것이고 우리의 전 운명이 되는 삶의 상황에 있다는 것을 이해했기 때문이었다. 나는 내 몸이었고, 그 밖에는 아무것도 아니었다. 굶주림과 내가 당했던 구타와 내가 가했던 구타 속에서 말이다. 피골이 상접한 채, 때가 덕지덕지 앉은 내 몸은 나의 비참함이었다. 내 몸은 내려치기 위해 힘을 줄 때 나의 신체적이고 형이상학적 존엄성이었다. 신체적인 폭력 행위는 나와 같은 상황에서 분열된 이념을 복구하기 위한 유일한 수단이었다. 나는 구타를 통해 내가 되었다. 나 자신을 위해서도, 그리고 상대방을 위해서도. (178~179쪽)

• 내면적으로 내 추상적인 인간성에 의지하지 않고 주어진 사회적인 현실 속에서 반란을 일으키는 유대인으로 자신을 발견하고 실현하는 사이 나는 인간이 되었다. 그 과정은 계속되었고 앞으로도 계속될 것이다. (180쪽)

나가는 말

너무 무거운 강연이 되었습니다. 이제 끝마치면서 제가 좋아하는 지명관 교수가 그의 자서전에서 남긴 한 문장을 여러분과 나누고 싶습니다.

부조리한 세상에 대한 합리적인 설명을 신앙에서 찾는 것이 아니다. 부조리한 세상을 신앙으로 견디어내면서 살아가는 것이다.[9]

저 문장 속 신앙을 음악으로 바꿔도 문제는 없다고 봅니다. 오늘 강연에서 저는 하나의 결론을 주장할 맘이 없었습니다. 왜냐하면, 그건 거의 불가능한 목표이고, 그걸 지나치게 강조하다 보면 교조주의에 빠지거나 사기를 칠 수 있기 때문입니다. 어떤 사람은 음악의 빛과 그림자를 모두 알지만 여전히 사람들이 좋아하는 빛을 강조하며 살아가겠고, 또 다른 사람은 음악의 두 얼굴이 아니라 음악을 이용하는 권력이나 음악가에게 음악의 어두운 측면의 책임을 떠넘길지 모릅니다. 따라서 저 역시 오늘 거의 아무도 음악의 어두운 측면을 강조하지 않아 그 점을 표나게 주장했지만, 음악의 폭력성만을 경고하며 살지는 않을 것입니다. 그렇다면 부조리한 세상에서 저 역시 지명관 선생처럼 합리적인 음악의 결론을 찾으려 하거나 그걸 주장하지 않고 그 양면을 견디어내면서 살아가려고 합니다. 긴 시간 수고 많으셨습니다.

---

9. 지명관, 『경계를 넘는 여행자-지명관 자서전』, 다섯수레, 2006, 93쪽.

다행이다, 다양해서

김지은·미국장로교 선교동역자, 목사

1. 나의 여정, 나의 이야기

나의 새 이름, 이방인

바늘귀에 실을 길게 꿰는 사람은 멀리 시집을 간다는 말이 있던가. 평소 실을 1미터 정도는 꿰었던 나는 사랑 따라 무려 태평양을 건넜다. 한국계 미국 시민권자인 청년, 현재 나의 짝꿍을 만났을 때 내 삶은 새로운 챕터로 바뀌었다. 대학 3학년 겨울 방학 처음 소개받고 펜팔로 소식을 나누다가 사랑에 빠지게 되었다. 대학을 졸업하자마자 결혼하면서 미국에 이민하게 되었다. 그야말로 남편 한 사람 믿고 삶의 터전을 아메리카 대륙으로 옮기는 용감하고도, 어찌 보면 무모하리만치 겁 없는 이동을 한 것이다.

지리적 경계뿐 아니라 언어, 문화, 인종 등 여러 경계를 건너는 대담한 움직임이었다. 사랑하는 아빠, 엄마, 여동생, 남동생, 친척, 친구, 선생님 등 모든 것을 뒤에 두고 왔다. 이후로 나는 '다문화' 사이에서 내내 자신의 정체성과 좌표를 점검하며 길을 찾는 여정을 계속해 왔다. 특히 한국에서 저널리스트가 되려고 했던 나는 모국어를 잃어버리고 새로운 언어 속에서 살아가게 되었다. 첫 몇 달 동안 향수병에 걸려 거의 매일 울었던 것을 아직껏 기억한다. 남편의 애틋한 사랑과 돌봄에도 맥락 없이 갑자기 터지는 눈물은 대책 없는 그리움의 샘물이었나 보다. 설상가상으로 영주권을 받았을 때 제목은 '거주 외국인 카드resident alien card'라고 적혀 있었다. 에일리언alien. 졸지에 나는 우주에서 온 외계인이 돼버렸다! "낯선 사람, 이방인"은 새로운 나라에서 새로운 내 이름이 되었다.

에큐메니컬 순례

미국이라는 새로운 사회에 적응하기 시작한 나에게 신학 훈련은 새로운 눈을 뜨게 한 의미 있는 경험이었다. 신학 그 자체보다 자아정체성에 주목하게 됐다. 머나먼 타향에서 한국계 미국인 장로교 여성인 자신을 인식하기 시작했다! 나는 이 다양한 사회에서 나를 다른 사람과 구별 짓는 나만의 독특한 경험과 가치가 무엇인지 자문하기 시작했다. 내가 누구인지 질문할수록 한국의 전통, 음악, 예술, 철학에 관심 갖게 됐다. 다양한 삶을 만들어 가는 차이가 아름답다는 것을 깨달았다. 한국계 미국인으로서 나의 정체성에 대한 인식은 동료 시민과 하나님에 대한 더 깊은 이해로 이끌었다. 하나님과 인간에 대한 나의 이미지는 흑백 티브이TV에서 컬러 티브이TV로 바뀌는 느낌이었다. 이전에 알지 못했던 새로운 상상이 시작됐다. 한국에만 있었다면 결코 경험하지 못했을 인식 변화의 과정이었다. 특히 페미니즘을 접하고 페미니스트 신학을 배우면서 내 목소리와 나를 찾아가기 시작했다.

분명히 나의 신학 훈련은 변화의 여정transformative journey이었다. 목회학 석사M. Div 과정을 시작하면서 나는 학문적, 정신적, 정서적, 영적으로 나를 성장시켜 준 변혁적인 과정을 경험했다. 수업, 예배, 모임, 여행에서 동료 학생, 교수, 장로, 목사, 교단 지도자, 에큐메니컬 기독교인을 포함하여 다채로운 사람들과 교류하며 더 깊은 성경적, 신학적, 타문화적 차원에 참여하는 은총을 받았다. 한인 장로교 여성으로서 나는 다양한 장소와 상황에서 풍부한 문화적, 사회적 경험을 했다. 실제로 많은 여행을 할 수 있었다. 신학교에서 제공한 여행 세미나travel seminar 를 통해 유럽, 팔레스타인과 이스라엘, 쿠바 등을 심도 있게 탐구할 수 있었다. 세계교회협의회WCC 10차 부산총회에 게티GETI 글로벌 에큐메니컬 신학원Global Ecumenical Theological Institute 미국 신학생 대표로, 세계개혁교회커뮤니온WCRC 종교개혁 500주년 기념 라이프치히 총회 지아티GIT 글로벌 신학원 Global Institute of Theology에 참가하여 나의 에큐메니컬 네트워크를 세계적으로 확장할 수 있었다. 목회적 맥락에서 표현된 나 자신의 정체성에 영향을 미친 주요 인생사건, 관계 및 문화적 맥락을 확인하고 공유하고 논의한 뜻깊은 40대였다.

미국장로교 총회 본부에서 일하다 신학교에 들어간 나는 졸업 후 다시 미국장로교 총회 본부의 부름을 받아 총회 직원으로서 다양한 경험을 하게 되었다. 여러 포지션에 승진을 거쳐 세계선교부에 들어가게 되었다. 그중 미국장로교와 협력 선교를 하는 파트너 교단과 기관을 초청해 선교협의회mission consultation를 한 것이 매우 뜻깊었다. 각 대륙과 미국 내 지역, 다양한 구성원과 만나며 21세기 선교의 핵심적인 주제와 태도는 상호 존중, 상호 경청, 상호 배움을 바탕으로 한 동반자 선교, 협력 선교임을 확인할 수 있었다. 미국교회에서 장로로 안수받아 활동하기도 했고, 2019년 3월 미국장로교 목사로 안수받게 되었다. 그리고 2020년 2월 지금의 포지션인 미국장로교 세계선교부 동아시아 책임자Regional Liaison for East Asia로 임명되었다.

내 안의 아시아성

나는 에큐메니컬 여정 중에 하나님의 부르심을 경험했다. 세계기독교협의회 10차 총회 때 내가 태어난 나라에 다시 돌아와 신학적, 선교적, 실존적 정체성을 확인하는 "귀향homecoming"의 감개무량한 경험을 했다. 총회 중 주최 대륙이었던 "아시아"를 주제로 열린 기조연설 세션에 참석하고 있었다. 그 주제 회의는 아시아 지역교회의 목소리와 문화적 상징, 예술적 퍼포먼스에 청년들을 통해 아시아의 현실을 아름답고도 강인하게 담아냈다. 다양성과 종교적 다원성의 대륙인 아시아, 부와 빈곤의 모순과 강한 생명의 회복력으로 가득 차 있음을 느낄 수가 있었다. 아시아의 얼굴과 음악과 목소리에 집중하고 있는데 일순간 주체할 수 없는 감동이 밀려오는 것이었다.

파워풀한 조명과 사운드, 메시지 속에서 내가 형성되고 태어나고 자란 곳이 "아시아"임을 깨달으며 거대하고도 부드러운 대륙의 자궁이 다시 나를 품는 것 같은 전율을 느꼈다. 내 안에 있는 "아시아성"이 그렇게 소중하고 감사할 수가 없었다. 그 세션 내내 눈물을 흘리며 하나님의 현존을 경험했다. 그러면서 마음과 영혼에 메아리치는 목소리는 "하나님 저를 이렇게 아름답고 진실하고 어질고 환대하는 땅에서 나고 성장하게 해 주셔서 감사합니다. 앞으로 제가 여기 고향에 다시 돌아와서 미미하게나마 봉사하며 헌신할 기회를 주신다면 '정의와 평화'를 향한 생명의 길을 이웃과 함께 동행하겠습니다"라고 기도했다. 개인적인 체험이지만 나의 선교 여정에 중요한 현현epiphany 중 하나였다.

그 후 7년이 흘러 30년간 나의 새로운 고향이 된 미국에서 다시 아시아로 돌아와 한국을 기반으로 동아시아 선교 협력의 부르심에 두렵고 겸손한 마음으로 응답하려 노력하고 있다. 아직도 백인이 구성원의 90% 이상을 차지하는 미국 주류 교단에서 동아시아 지역 담당자로 아시아 출신 선교동역자를 파송한 것은 미국장로교가 추구하는 선교의 방향을 내포하고 있다고 볼 수 있다.

타인의 연약함을 바라보는 법

미국장로교에는 3년에 한 번씩 열리는 미국장로교 여성 총회Presbyterian Women's Churchwide Gathering가 있다. 2018년 총회가 루이빌에서 열렸는데 1,600여 명이 모인 장로교 여성 총회에서 감사하게도 기조연설 plenary speaking을 부탁받아 예배에서 주제 설교할 기회가 있었다. 설교 준비를 하다 미국장로교 총회본부에서 처음 일하기 시작한 때 일어난 에피소드가 떠올라 나누었다. 제2외국어인 영어로 일하는데 가장 두려운 일 중 하나가 전화하는 것이다. 어느 목사님께 전화를 드린 적이 있다. 여성분이 전화를 받았다. 누구누구 목사님과 통화하고 싶다고 말했다. 그러자 그 여성이 전화를 바꿔주며 하는 두 사람의 대화가 들렸다. "Who is it 누군데?" "Someone with an accent 엑센트 있는 어떤 사람" 당시 그 소리를 들었을 때 제 기분은 상했을지 모르지만, 사실 그 여성분의 묘사는 정확한 것이었다. 나는 엑센트가 있는 어떤 사람일 수도 있다. 하지만 그저 엑센트가 있는 어떤 사람에 불과하지 않다. 나는 아름다운 한국어 엑센트를 가진 하나님의 딸 김지은이다. 그리고 나는 엄청나게 센 나의 코리안 엑센트를 잃고 싶은 마음이 결코 없다.

이런 경험을 나누며 "I am a daughter of God with a beautiful Korean accent 저는 아름다운 한국어 엑센트를 가진 하나님의 딸입니다."라고 말하자 참가자는 기립 박수를 치며 크게 공감했고 그 총회의 유행어가 되었다. 그래서 총회장이나 사회자, 강사, 외국에서 오신 파트너가 나와서 발언할 때 "I am the moderator so and so, I have a beautiful New Jersey accent 저는 총회장 아무개입니다. 나는 아름다운 뉴저지 엑센트를 가졌습니다." "I am so and so who has a beautiful middle eastern accent 저는 누구누구인데 아름다운 중동 엑센트가 있습니다." 등등 자신의 엑센트를 밝히며 웃음과 연대를 나누었다.

새로운 선교동역 포지션에 임명받아 30여 년 만에 한국에 돌아오니 사회적 약자들, 연약한 분들이 보인다. 건물과 거리를 청소해 주시는 환경미화원, 택배 배달원, 식당 종업원 같은 분들이 잘 보인다. 외국인과 외국인 노동자도 눈에 더 띈다. 헬라어로 이방인stranger을 제노폰xenophon이라고 한다. 제노xeno는 외국(인)의, 낯선, 이상한foreign, strange라는 뜻이고, 폰phon은 소리voice라는 뜻이다. 그러니까 '낯선 사람, 이방인'은 '발음이 낯선, 이상한 사람' 즉, 모국어를 구사하지 않아서 거북스럽고 불안한 감정을 생기게 하는 사람이라는 의미가 있다. 쉽게 말해 악센트를 가지고 있다는 뜻이다. 하지만 실제로 중요한 사실은 이런 엑센트가 있다는 것은 다른 언어를 구사한다는 말이기도 하다. 영어를 말하는데 한국어 엑센트가 있다는 건 실은 영어 외에 한국어를 말할 수 있다는 자랑스러운 의미이기도 하다.

식당에 가서 도움을 주시는 분 중 중국동포 직원을 대하곤 한다. 내가 남편과 90년대 중국 심양의 대학에서 영어 교사로 일하며 선교동역을 한 적이 있어 많은 조선족 학생과 조선족 선생님 그리고 교회 성도와 알고 지냈다. 그래서인지 요즘 한국에서 만나는 중국동포분을 보면 특히 '이분들이 낯선 곳에서 어떻게 살아가시나?' 하는 생각이 문득 들곤 한다. 한국 노동자들이 꺼리는 3D 인력 공백을 메꾸기 위해 여러 나라에서 찾아온 외국인 노동자와 마주칠 때 드는 생각이기도 하다. 내가 미국에서 소수 인종으로, 아름다운 한국어 엑센트beautiful Korean accent를 가진 하나님의 딸로 살아보지 않았다면 인식하지 못했을 것이다.

아무튼, 환대

결론적으로, 나는 미국이라는 다양한 사회에서 한인 장로교 여성 목사, 선교동역자로서 나의 정체성을 깨닫는 오랜 여정을 지냈다. 겹겹이 쌓인 경험을 자세히 들여다보니 그 바탕에서 지탱해 주는 힘은 서로를 맞아주고, 있는 그대로 포용해 준 환대였다. 이제 나에겐 새로운 여정이 시작되었다. 혼자만의 외로운 여행이 아니라, 치유와 화해를 위한 환대의 여정이다. 정의와 평화를 향한 연대의 새로운 비전은 생명을 품고 나아가도록 용기를 준다. 다양한 인종, 문화, 종교적 유산과 배경을 가진 사회 사람들 사이의 차이를 존중하고 포용하면서 살아가라는 사랑과 겸손의 부르심을 받는다. 하나님의 선교에 동참하는 이 환대의 여정, 내가 부름을 받은 공동체와 이웃과 더불어 용감하게 이어가려 한다.

2. 다양성이 존중되는 미국장로교 총회 운영 방식: 여성 리더십을 중심으로

내가 소속한 미국장로교Presbterian Church U.S.A., 이하 PCUSA에서 여성은 환영받고 그리스도의 몸을 이루는 중요한 존재이다. PCUSA는 1930년 처음으로 여성을 장로로, 1956년 말씀과 성례전의 목사로 안수했다. 노예제도 찬반 입장을 가진 미국 북군과 남부연합군의 분리에 따라 미국장로교도UPCUSA, United Presbyterian Church in the United States of America 북장로교와 남장로교PCUS, Presbyterian Church in the United States로 분열되었다가 1983년 미국장로교PCUSA로 통합되었다. 미국 역사상 최초의 장로교 여성 총회장은 로이스 스테어Lois H. Stair 장로로 1971년 북장로교 UPCUSA 제183차 총회에서 선출되었다. 5년 뒤 1976년 북장로교UPCUSA 제188차 총회는 텔마 아데어Dr. Thelma C. D. Adair. 장로를 미국 역사상 최초의 흑인 여성 총회장으로 선출했다. 1978년 제118차 총회에서 사라 모즐리Sara Bernice Moseley는 남장로교PCUS 최초의 여성 총회장으로 선출되었다.[1]

현 공동 총회장은 제225차(2022) 총회의 루스 산타나-그레이스Rev. Ruth Faith Santana-Grace 목사와 셰이본 스탈링-루이스Rev. Shavon Starling-Louis 목사로 둘 다 여성 목사다. 제224차(2020) 총회의 공동 총회장 중 한 분은 역사상 최초 원주민 출신으로 엘로나 스트릿-스튜어트Elder Elona Street-Stewart 여성 장로다. 제223차(2018) 총회 공동 총회장은 모두 여성으로 빌마리 신트론-올리비에리Elder Vilmarie Cintrón-Olivieri 장로와 신디 콜만Rev. Cindy Kohlmann 목사다. 제222차(2016) 총회 공동 총회장도 역시 여성으로 드니스 앤더슨Rev. Denise Anderson 목사와 젠 에드미스턴Rev. Jan Edmiston 목사다. 미국장로교 내 가장 큰 기구인 장로교선교국 Presbyterian Mission Agency의 수장도 여성인 다이앤 모펫Rev. Dr. Diane Moffett 목사다. 2010년이 되면서 여성과 남성의 직제사역자 수는 거의 동수가 되었다. 2011년 이후 PCUSA는 매년 남성보다 더 많은 여성이 목사로 안수받았다. 이처럼 우리는 여성의 사역과 여성 리더십을 환영하고

---

1. https://www.phcmontreat.org/Exhibit-WomenLeaders-moderators.html

지지하고 확인한다.

미국장로교 근래 총회 중 역사상 최초 온라인 총회였던 224차(2020) 총회의 총대 분포 통계를 살펴보자. 총회에서 투표권이 있는 총대는 목사총대Teaching Elder Commissioner, TECs와 장로총대Ruling Elder Commissioner, RECs로 나누어지는데, 503명이 참가했다. 이중 나이를 기재하지 않은 25명을 제외한 478명의 연령대를 보면 7년 단위로 나누어 21~28세는 4명, 28~35세는 22명, 35~42세는 39명, 42~49세는 43명, 49~56세는 60명, 56~63세는 98명, 63~70세는 129명, 70~77세는 75명, 77~84세는 8명으로 집계됐다. 총대의 평균나이는 59.3세이다. 목사 총대TEC 251명 중 백인 여성은 45%, 백인 남성은 36.3%이고, 아시안 남성이 4.8%, 흑인 남성이 3.2%, 흑인 여성이 2.8%, 라틴 남성이 1.6% 순이다. 장로 총대REC 경우 252명 중 백인 여성은 43%, 백인 남성은 34%이고, 흑인 여성이 8.3%, 흑인 남성이 4.4%, 아시안 남성이 2% 순이다.

이 외에 총회에서 투표권은 없지만 의견 자문 역할을 하는 총대 그룹이 있는데, 청년 자문위원Young Adult Advisory Delegates, YAADs이 127명, 에큐메니컬 자문위원Ecumenical Advisory Delegates, EADs이 6명, 선교사 자문위원Mission Advisor Delegates, MADs이 7명, 신학생 자문위원Theological Student Advisor Delegates, TSADs이 9명 참석한 것으로 나온다. 그 외에 해외 자매교단의 대표도 참관할 수 있다.

하지만, 미국장로교 여성 사역자가 교단/교회 안에서 다수를 차지하며 각 분야에서 가시적인 리더십을 발휘하며 리더로 활동하는 현상을 보고 성차별 없는 목회 환경과 정서가 보장되어 있다고 말할 수 있을까? 여성 목회자의 목회 현장과 대우는 불의 없이 젠더 평등을 이루고 있을까? PCUSA의 여성 목회자의 리더십의 현주소와 실상을 간단하게나마 성찰하는데 2016년 미국장로교 총회본부 연구소에서 간행한 "미국장로교의 젠더와 리더십 Gender and Leadership in the PC(USA)"[2] 보고서는 위의 질문에 답변을 제시하는 중요한 자료이다. 이 연구는 미국장로교 모든 수준(교회, 노회, 대회, 총회)에서 여성의 지위를 평가한 대규모 연구 프로젝트로 신학과 사회학의 두 가지 주요 연구 분야에서 수행되었다.[3] 이 연구에서 발견한 두 가지 주요 관점은 첫째, 미국장로교에 성차별이 여전히 만연해 있다는 점과 둘째, 거의 절반의 교인이 성차별을 특별히 인지하지 못하고 있다는 점이다. 10명 중 8명의 여성 목사는 자신의 성별로 인한 차별, 괴롭힘 또는 악성 코멘트 등을 경험했다. 그리고 10명 중 4명이 미국장로교 내 공식적인 포지션의 고용, 승진 또는 선발 과정에서 이런 성별 편견을 경험했다고 답했다. 그럼에도 절반에 달하는 구성원들이 "젠더 불평등은 아직도 미국장로교의 문제이다"라는 서술에 동의하지 않았다. 교인들 사이에서는 이 문제가 덜 만연한 것으로 보인다. 단지 30%의 여성과 13%의 남성이 성차별, 괴롭힘이나 편견을 경험했다고 보고했다.

첫째, 미국장로교 구성원의 인식과 실제 목회 구조를 살펴보자. 남성과 여성 회원이 리더십 역할을 수행하도록 요청받을 가능성은 동등하지만,

---

2. 미국장로교 젠더와 리더십 Gender and Leadership in the PC(USA), Research Services, 2016. https://www.presbyterianmission.org/resource/gender-leadership-pcusa/
3. 총 2,871명의 장로교인이 설문에 참여했는데, 345명의 남성 교인, 823명의 여성 교인, 741명의 남성 목사, 804명의 여성 목사, 158명은 미상으로 분류된다.

그 역할은 성별에 따라 현저히 다른 것을 알 수 있다. 남성이 공식 직함을 갖고 급여를 받는 공식 리더십을 유지할 가능성이 더 높고 여성은 자원봉사 역할에 훨씬 더 많이 관여하고 있다. 여성은 아직도 미국장로교 내 모든 활동 목사의 약 38%만을, 전체 교역 장로(목사)의 29%를 차지한다. 여성 목사의 비율은 서서히 증가하고 있고, 이 추세라면 2027년이 돼서야 활동 목사의 수적인 성평등이 달성될 것이다. 흥미로운 통계로 남성의 89%와 여성의 93%가 남성과 여성이 평등해야 한다는 데 동의하지만 73%만이 자신 목사에 대해 그렇게 생각한다. 이런 선호도를 보인 사람들은 자신의 성정체성과 일치하는 목사를 선호하는 경향이 있다. 그리고 대부분의 미국장로교인은 남성이 여성보다 여전히 담임목사head pastor가 될 기회가 많다고 인식하고 있다.

둘째, 미국장로교에서도 성별 분업 문화 양상이 나타난다. 비슷한 역할을 하는 남성보다 여성에서 더 많은 것을 기대한다. 예를 들어, 여성 목사는 워크숍, 프로그램 또는 기타 프로그램을 이끌도록 남성 목사보다 더 자주 요청받는다. 특히 보육 및 주방에서의 역할에 훨씬 더 많이 요청받는다. 구성원의 자원봉사 시간에도 성별 차이가 존재한다. 여성이 남성보다 매달 자원봉사에 더 많은 시간을 할애하는데, 여성은 1인당 21.5 시간이지만 남성은 월평균 19.5 시간 할애하는 것으로 나타났다.

이 외에도 67% 여성 목회자가 자신의 젠더 때문에 미국장로교 안에서 리더십 역할을 맡기가 어렵다고 답변했다. 같은 질문에 8%의 남성 목회자가 그렇다고 답변했다는 사실을 비교하면 미국장로교 내에 여성 사역자의 리더십은 아직도 성차별 없이 자유롭게 사역하고 있지 못함을 반증

하고 있다. 또 한 가지 특기할 것은 대부분 장로교인(58%)은 적극적으로 경청하는 것이 여성의 큰 강점이라고 생각한다. 대부분 장로교인은 이러한 특성이 성별에 따라 다르다고 믿지 않는다. 그러나 특정 특성이 젠더화한다고 믿는 사람들 사이에선 더 자주 그것이 여성의 더 큰 강점이라고 생각한다. 이것에 대한 가장 큰 예외는 자신감인데, 응답자의 6%가 자신감을 여성의 강점으로 꼽은 반면, 29%가 자신감을 남성의 강점으로 더 느끼는 것으로 나타났다.

결론적으로, '미국장로교의 젠더와 리더십' 연구는 하나의 보고서이지만, 미국장로교의 여성 교역자 리더십에 대한 동향과 정서를 엿볼 수 있는 의미 있는 창이라고 생각한다. 한국교회 내 여성의 목회와 비교할 때 미국장로교는 분명 바람직한 환경과 생태계임을 확인할 수 있다. 그래도 여전히 만연한 젠더 차별, 젠더 불평등의 목회 현장은 우리가 끊임없이 인식하고 극복해야 할 우리의 과제이자 삶의 여정이다. 한국교회 여성 사역자의 리더십 현황과 생태계에 대한 심도 있는 연구와 분석이 진지하게 계속되어야 할 것이다. 어떤 요인이 여성의 목회와 사역을 지지하고 또 제약하는지에 대한 이해가 필요하며 남성 목회자와 여성 목회자의 다양한 경험 즉 보상, 경력 궤도 및 사역을 떠나는 결정 과정이 어떻게 닮아있는지 또 무엇이 다른지, 더 깊은 통찰력을 가지고 접근해야 할 것이다. 절망적인 현실 속에서도 하나님의 딸로 믿음 가운데 연대하면서 희망이 열어주는 길을 묵묵히 걸어가야겠다. 20세기 중국을 대표하는 소설가이자 사상가인 루쉰의 저 유명한 말로 발제를 마친다. "희망이란, 본래 있다고도 할 수 없고, 없다고도 할 수 없다. 그것은 땅 위의 길과 같다. 본래 땅 위에는 길이 없었다. 걸어가는 사람이 많아지면 그것이 곧 길이 되는 것이다."

3. 미국장로교PCUSA 청년들의 의사결정 참여: 총회 청년 자문위원을 중심으로

미국장로교PCUSA는 제도적으로 청년의 의사결정 참여를 장려한다. 총회의 중요한 구성원인 청년 자문위원Young Adult Advisory Delegates, YAAD은 총회 대의원에게 특별한 의견과 관점을 제시하기 때문이다. 교단 내 청년(만 18세에서 23세)이 가지고 있는 '청년만의' 독특한 의식과 시각은 중요하므로 총회에는 다수의 청년 자문위원이 말 그대로 '자문' 역할을 위해 참석한다. 그리고 총회는 청년의 목소리를 적극적으로 경청하고 인식한다. 청년 자문위원YAAD은 노회에서 목사 총대Teaching Elder Commissioner, TEC와 장로 총대Ruling Elder Commissioner, REC를 뽑을 때 함께 선출한다. 현재 166개 노회당 청년 자문위원이 한 명씩 할당되어 있으며, 누구나 추천할 수 있고 본인 지원도 가능하다.

미국장로교회 총회에는 투표권은 없지만 의견 자문 역할을 하는 4개 자문위원회Advisory Delegates가 있다. 청년 자문위원YAAD은 에큐메니컬 자문위원Ecumenical Advisory Delegates, EAD, 선교사 자문위원Mission Advisory Delegates MAD, 신학생 자문위원Theological Student Advisory Delegates, Delegates

TSAD, 중 가장 큰 자문위원회이다. 전통적으로 자문위원 대다수는 청년이다. 참고로 지난 팬데믹 기간 중 최초 온라인으로 열린 224차(2020) 총회에는 총대로 503명(목사 총대 251명, 장로 총대 252명, 원칙적으로 총대는 목사와 장로 동수)이 참석했고, 전체 자문위원 149명 중 청년 자문위원YAAD은 127명이 참석했다.

총회 매뉴얼 상설규칙에도 명시되어 있듯, 청년 자문위원은 그들의 '특별한 관점special viewpoints'을 총회 내내 다양한 방법으로 조언한다. 다양성과 포용성을 교회의 중요한 본질로 여기는 미국장로교의 삶과 사역을 그대로 보여준다. 각 주제에 따라 구성된 총회 위원회에 배치되어 이슈와 헌의안에 대해 서로에게 배우며 목소리를 낸다. 총회 전체 회의plenary에서 투표권은 없지만 의견을 자유롭게 개진하며 발표할 수 있다. 다른 자문위원처럼 각 결정 사항마다 먼저 투표를 한 후, 그 결과를 보고 총대가 투표한다. 그만큼 총회 의사결정 과정에 청년의 의견은 직간접의 영향을 끼치며 교단 정책에 실제 반영된다.

미국장로교회가 청년 참여를 강화하게 된 이유는 그만큼 총회에 젊은 사람이 총대로 선출될 가능성이 거의 없다는 것을 인식하고 있기 때문이다. 그래서 1970년에 청년 자문위원이라는 범주를 만들어 제도적으로 젊은이의 목소리를 격려하며 듣도록 하였다. 대의민주제를 정치형태로 가진 장로교회는 다양한 구성원 계층의 대표성이 생명이다. 총회는 젊은이에게 개방되어 있으며, 그렇지 않으면 알지 못할 수도 있는 관점과 문제와 아이디어를 총회가 인식하도록 했다.

청년 자문위원회는 총회 기간 처음부터 끝까지 참석하며 총회 전체를 넓고 깊게 경험한다. 총회 정서기가 임명한 4명의 자문위원YAAD Advisors 이 청년 자문위원과 가까이 동행하며 안내한다. 오리엔테이션과 매일 저녁 보고 및 성찰을 위한 전체 그룹과 홈 그룹 미팅 등을 가질 때 필요한 지원과 목회적 돌봄을 제공한다. 자체적으로 청년은 네 개 홈 그룹에서 남녀 각각 한 명씩 대표로 선출하여 여덟 명 협의회를 구성하고 그중 청년 자문위원YAAD 남녀 공동의장을 선출한다. 교단 총회에 직접 참가하는 가운데 교단의 정체성과 방향, 선교와 사역 내용을 입체적으로 학습하면 서 자연스럽게 리더십도 익히게 된다. 자부심도 느끼고 문제점도 관찰한 다. 하나님의 음성을 통해 시대의 부름, 개인에게 다가온 부름도 듣게 된 다. 전국에서 모인 동료 청년 자문위원, 해외에서 온 다양한 자문위원과 네트워크도 갖게 된다. 개교회로 돌아가서 지역교회 공동체 그리고 노회, 대회 속에서 이런 경험을 나누며 계속 이어간다. 총회와 개교회가 비교적 긴밀하게 연결된 미국장로교connectional church 의 체질이 이런 과정에서 형성되는 것 같다. 실제로 청년 자문위원 출신 중 많은 경우 훗날 총대로 참석하거나 미국장로교 리더로 성장하는 사례가 많다. 그래서 청년 자문 위원YAAD 을 미국장로교 리더십 공급망PCUSA, leadership pipeline이라고 표 현하는 말이 있을 정도다.

장로교인은 그리스도의 마음이 공동체에서 가장 잘 분별된다고 믿는 다. 필자는 지난 15년간 미국장로교 총회본부에서 총회사무국, 선교국 직원으로 사역하며 여러 차례 총회에 참석했다. 강도 높은 총회의 일정은 참석자와 스텝 모두에게 그야말로 강행군이지만, 공동체의 경험은 회의 뿐 아니라 예배와 기도와 교제에도 푹 빠지게 된다. 많은 사람이 총회를

'가족 상봉family reunion'으로 묘사한다. 다양한 배경과 경험을 가진 온 교회 사람들이 서로를 환영하며 만나고 모이는 것이 특징이다. 서로 다른 의견과 처지에서도 토론과 경청을 통해 공동체의 결정을, 그리스도의 마음을 이루어간다. 완벽할 수는 없지만 최선을 다해 소외나 차별 없이 다양성 속에서 포용하며 그리스도의 몸을 이루어간다(갈 3:28).

더 많은 청년이 교단의 정책 결정에 참여하도록 이끌기 위한 미국장로교회 나름의 방법인 청년 자문위원 외에도 노회에서 총대를 선발할 때 청년이 선발되는 경우도 종종 있다. 앞서 언급한 224차(2020) 총회 총대 503명 중 나이를 표시하지 않은 25명을 제외한 478명의 연령대를 보면 7년 단위로 나누어 21~28세는 4명, 28~35세는 22명, 35~42세는 39명, 42~49세는 43명, 49~56세는 60명, 56~63세는 98명, 63~70세는 129명, 70~77세는 75명, 77~84세는 8명으로 집계됐다. 총대의 평균나이는 59.3세이다. 비율은 높지 않더라도 노령화된 미국장로교 구성원과 총대 속에서도 청년 총대는 존재한다.

미국장로교 개교회는 대의정치 형태에 따라 청년 장로를 종종 선출한다, 청년 장로 선출 방법이 따로 있지 않고 개교회에서 장로를 선출하는 방법 그대로이다. 장로의 자격에 연령 제한은 없다. 특히 청소년, 청년이 많은 교회라면 그 그룹을 대표하는 청소년 장로, 청년 장로가 있는 교회가 당연히 존재하고, 이는 미국장로교 안에서는 놀라운 일이 아니다. 필자의 배우자가 목회하던 미국교회에는 여섯 시무장로 중 두 명의 청년 장로가 있었는데 당시 24세 여성, 남성 청년이었다. 청년만의 '특별한 관점'과 열정과 헌신의 리더십이 얼마나 신선하고 아름다웠는지 모른다.

먼먼 미래의 리더십이 아니라 현재 교회의 구성원으로 존중받고, 하나님께 부여받은 재능과 은사를 청년 시절 공동체 경험을 통해 성장하는 일은 이렇듯 소중하다. 교회의 지체로서 활력과 독특한 시각을 불어넣어준다. 물론 문화적으로나 정서적으로 정황이 달라 한국교회에서는 좀처럼 일어나기 어려운 일이라 여겨지지만, 교회를 이루는 다양한 구성원의 목소리를 당연히 내고 의사결정에 적극적으로 참여할 수 있도록 제도적인 장치를 고민하고 더욱 세심하게 마련되면 좋겠다.

미국장로교회는 교단적으로 청년 리더십을 키우기 위해 각 교회, 노회, 대회, 총회 차원에서 다양한 자원을 동원하여 교육하는 노력을 기울인다. 예컨대 총회 사역으로는 기독교 형성Christian Formation 사무실을 두어 한 사람의 신앙 형성의 모든 연령과 단계에서 오는 고유한 은사, 도전 및 기회를 존중하며 풍부한 자료를 제공한다. 어린이를 위한 교육과정과 프로그램, 중학생 컨퍼런스Middle School Conference, 1983년에 처음 시작되어 3년에 한 번씩 열리는 고등학생 대상 수련회 장로교 청소년 트라이에니엄Presbyterian Youth Triennium 등 어린 시절부터 개교회를 넘어서서 보다 큰 보편적 교회를 경험하는 과정이 마련되어 있다.

'고등학교 졸업과 함께 교회를 졸업한다'라는 말이 있듯 대학생이 되어 신앙생활을 지속하는 것은 얼마나 귀한 일인가. 이런 현상을 고민하며 노력하는 대학생 캠퍼스 사역UKirk Collegiate Ministries을 통해 200개 넘는 대학을 연결한다. 젊은 장로교인이 신앙과 교회에 대해 얼마나 열렬한지, 그리고 그들이 얼마나 참여하기를 원하는지 들으면 놀라게 된다. 19~30세의 청년이 미국 내에서나 해외에서 청년봉사단Young Adult Volunteer,

YAV 같은 에큐메니컬 프로그램을 통해 현지 동료와 멘토와 동역하면서 기독교 신앙의 의미와 지역 사회의 이웃에 대한 책임을 탐구하기도 한다. 장로교 청년의 다양한 이야기와 경험 공유 과정은 영향력이 크고 교회에 새로운 상상력을 더해준다.

4. 교회 안에서 절실히 필요한 '가족 상봉'

필자가 30년 넘게 살던 미국을 떠나 새로운 임무를 받아 한국에서 일한 지 이제 3년이 넘었다. 한국교회 성도의 열정, 헌신도, 능력, 역량은 타의 추종을 불허하는 것 같다. 사명을 잘 감당한다. 그야말로 목숨 걸고 목회하시고 사역하시는 것 보고 자극도 받고 영감도 받는다. 특히 젊은 청년, 여성, 목회자가 그동안 누구도 내지 못한 목소리를 내는 것, 창의적으로 일해 나가는 것이 희망적으로 보였다. 개교회, 개기관을 넘어서서 서로 더 연결되면 좋겠다고 생각한다.

"아이 하나 키우려면 마을 전체가 필요하다It takes a village to raise a child." 는 아프리카 격언이 일깨워주는 지혜처럼 청년 리더십을 세우기 위해선 교회와 교단의 전폭적인 관심과 애정이 필요하다. 혼자가 아니라 공동체 속에서, 대가족이 모이는 명절 모임에서 가장 잘 배운다. 가끔이라도 다양한 식구가 모인 자리에서 평소 자주 보지 못했던 어르신, 또래 사촌, 손아래 조카가 만나 서로의 이야기를 들려주며 들을 수 있는 반가운 '가족 상봉'

이 교회 안에서 절실히 필요하다. 내가 하나님의 딸로서, 아들로서 어떤 집안에서 태어나고 자랐는지, 성장하고 있는지, 자기 정체성과 사랑받는 존재로서 확인이 필요하다. 현대교회는 너무 전문화되어 오히려 세포처럼 분열된 모습이 아닌가 싶다. 권력과 목소리를 가진 자만의 리그가 되어서는 안 된다. 그리스도의 온전한 몸을 이루는 우리 교회, 한데 모여 존재만으로 격려하며 인식하며 경축하는, 다양하고 품이 넓은 축제의 자리가 되기를 소망한다.

지극히 개인적인 12일간 순례 이야기

박흥순 · 다문화평화교육연구소장

순례를 시작하며

2023년 11월 5일부터 11월 16일까지 광주에 거주하는 목회자와 함께 프랑스 남부와 스페인 북부 지역을 순례했다. 이 여정에 '순례'라는 이름을 붙인 건 지극히 개인적인 생각이다. 어디를 향해서 걷는 그곳은 나 자신과 대면하고, 이웃과 대면하고, 역사와 문화 그리고 종교와 대면하는 곳이라는 의미에서 '순례 Pilgrimage '다. 걷고 멈추고, 듣고, 보고, 깨닫는 걸 적었다.

순례 이야기 하나

2023년 11월 5일 오후 3시 30분에 광주에서 출발한 버스가 7시간 걸려 인천공항에 저녁 10시에 도착했다. 이미 출발 전에 힘이 빠졌다. 다음 날 오전 0시 20분에 출발한 카타르항공은 10시간 후 현지 시각 오전 5시에 도착 하마드 국제공항Doha Hamad International Airport에 도착했다. 이제 목적지 절반 넘게 왔을 뿐이다. 비행기를 갈아타려고 3시간 기다린 후 프랑스 리옹 생텍쥐페리 국제공항Aéroport Lyon Saint-Exupéry에 7시간 후 현지 시각 오후 1시 30분에 도착했다. 프랑스 리옹까지 무려 24시간 걸려 도착했다!

먼 여정이었다. 이 여정 중 인상적인 두 장면이 있다. 하나는 카타르항공 항공지도에 표시한 서남아시아 지명이다. 여기에 팔레스타인 지역은 있지만 이스라엘은 어디에도 찾아볼 수 없다. 이슬람 국가가 이스라엘을 바라보는 시선에 놀랐다. 또 다른 하나는 도하 하마드 국제공항에서 프랑스 리옹으로 이동하는 항공기 안에서 승무원이 외친 '어린이 먼저children first'란 말이다. 점심시간이 한참 지난 후 시장한 어

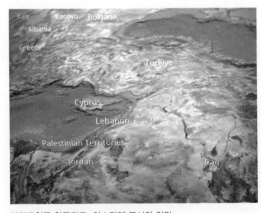

카타르항공 항공지도. 이스라엘 표시가 없다.

른이 음식을 요청하자 승무원이 응답한 말이다. 해외로 가는 여러 여정과 경험이 있었지만, 처음 들은 신선하며 또 의미 있는 외침이었다. 순례를 계속한다. 평화!

순례 이야기 둘

순례를 계속한다. 프랑스 부르고뉴 지방 남부에 있는 떼제공동체 The Taizé Community와 클뤼니 수도원Abbaye de Cluny을 찾았다. 묵상과 기도가 중심인 두 공간은 방향은 같으나 방법이 달랐다. 하나는 누구나 자유롭게 방문할 수 있는 열린 공간이지만, 다른 하나는 세상에서 스스로 추방해 경계 밖에 사는 닫힌 공간이다. 한 곳은 아직도 남녀노소가 찾아와 행복한 공동체로 살아 있고, 다른 한 곳은 개혁을 기치로 화려하게 출발했으나 개혁 대상이 되어 폐허로 남아 있다.

① 떼제공동체 예배당 안에 있는 평화란 단어가 있는 촛대. ② 클뤼니 수도원 무너진 성벽.

① 떼제공동체 예배당 전면.
② 떼제공동체 예배당 측면 창문 스테인드글라스.
③ 클뤼니 수도원 무너진 성벽과 호텔로 변한 수도원.

　건축가 승효상 선생님께서 쓴 『묵상』이란 책에서 "폐허는 우리가 다시 돌아가야 하는 근원을 제공하며, 우리로 하여금 무위의 상태로 돌아가 그 일부로 느끼게 한다"라고 인용한다(승효상, 『묵상』, 돌베개, 2019, 407 쪽). '건축과 도시의 종착점이 폐허'라는 깨달음도 공유한다. 개혁 대상과 폐허가 된 건축과 공간을 바라보며 다시 돌아갈 근원을 묻고 질문한다. 순례는 폐허가 된 공간과 공동체와 사람이 근원으로 돌아가는 여정이다. 길에서 스스로 돌아보고 성찰한다. 평화

순례 이야기 셋

순례를 계속한다. 교황과 황제 사이에 있던 다툼 결과 로마가 아니라 아비뇽Avignon에 교황청을 설치한 역사 현장을 순례했다. 국가 권력과 종교 권력이 정면으로 충돌해 우열을 가리려 한 지난 역사는 국가란 무엇인지, 교회란 무엇인지 질문한다. 국가 존재 이유와 교회 존재 이유를 물으며 함께 살기가 가능한가를 생각한다. 왜 함께 살기를 상상하는가? 사람이기에 더불어 사는 삶이 가치 있다고 믿는다. 아비뇽 교황청Palais des papes d'Avignon 내부로 들어서니 태블릿 피시를 나누고 큐알코드를 찍어서 당시에 화려했던 교황청 내부를 복원해 보여준다. 역사를 제대로 알아야 과오와 잘못을 반복하지 않는다. 국가 권력이나 종교 권력이 탐욕의 극치에 있을 때 사람다움이 존재할 공간이 없다.

오후에는 엑스 엉 프로방스Aix-en-Provence로 이동해 현대 미술의 아버지라 불리는 화가 세잔Paul Cézanne 아틀리에를 순례했다. 사과처럼 움직

아비뇽 교황청을 알리는 방향 안내판.

아비뇽 교황청 바깥 전경.

이지 않는 정물을 그리며 시간과 계절을 따라 변하는 빛에 주목했다. 빛을 주목했다는 표현이 멋지다. 시간과 상황에 따라 변하는 빛과 색을 주목하고 관찰해 그림을 그렸다니! 빛을 주목한 세잔에 비추어 자신을 돌아본다. 나는 어떤 빛과 색으로 변하고 있는가? 어떤 빛과 색으로 표현할 때 가장 아름다운가? 질문하고 돌아본다. 순례는 옛 건축과 그림에 비추어 스스로 성찰하는 것이다. 평화!

① 아비뇽 교황청 바닥을 장식했던 타일.
② 아비뇽 교황청 기와지붕.
③ 아비뇽 교황청 회랑 전경.

순례 이야기 넷

순례를 계속한다. 새벽하늘이 어둡고 짙은 구름이 가득한 걸 보고 비가 오리라 생각했는데 정말 비가 내렸다. 프랑스 남부 지방 비 오는 날이 어떤지 궁금해하는 건 순례를 떠난 사람이 가질 태도와 먼 건 아니겠지? 비 오든 바람이 불든 덥든 춥든 순례를 계속한다. 해변 풍경이 환상이라는 니스Nice를 찾으며 한껏 부풀었던 마음은 비바람으로 무색해졌다. 비바람 속에서 영국인 산책로로 불리는 프로므나드 데 장글레Promenade des Anglais를 걸었다. 때로는 앞으로 나아가다가 멈추어 서서 걸어온 길을 돌아보고 스스로 성찰할 필요가 있다. '지금 어디로 가는가?' 쉼과 숨과 사람이란 단어가 머리에 맴돈다. 그리고 기획했던 계획을 변경해 새로운 목적지를 추가했다. 에즈Èze라는 작은 마을로 목적지를 바꿨다. 열대 식물원 정상에 오르는 길에 오밀조밀 상점과 집이 형형색색으로 자리 잡았다. 순례는 이처럼 계획했던 길이나 장소를 바꾸어 걷는 여정이다. 무작정 계획을 바꾸는 게 아니라 합당한 이유가 있다면 바꾸고 변경할 융통성이 필요하다.

비바람을 맞으며 순례 버스는 모나코 공국Principautede Monaco으로 향했다. 모나코 주교좌성당과 모나코 궁을 방문했다. 궁 밖에서 돌아본 후 주변 산책로를 걷는다. 걷다가 만난 색다른 모습은 세상

니스 해변에 놓인 파란 의자.

을 다르게 바라보는 시선을 생각하게 한다. 산책로 곳곳에 기울어진 나무를 베어내지 않고 그대로 남겨둔 모습에서 세상을 바라보는 시선을 배운다. 사람이 편리하게 걷고 산책하도록 하는 대신에 기울어 넘어져 생존하는 나무 밑으로 고개를 숙이도록 조경을 꾸민 시선이 신선하며 새롭다. 효율이라는 허울 좋은 말로는 도저히 설명할 수 없는 더불어 사는 삶이다. 사람도 나무와 더불어 생존하는 피조물임을 자각하라는 작은 외침 같다. '사람이란 무엇인가?' 삶을 사는 존재! 삶, 더불어 사는 삶을 늘 기억하는 순례자! 그러니 도반과 벗을 소중하게 여긴다. 산책로로 기울어 쓰러져 사는 나무 밑으로 지나며 온갖 생각이 꼬리에 꼬리를 문다. 나무 밑을 지나며 몸과 마음을 낮춘다. 순례는 어떤 시간과 공간에서도 자신과 마주하는 것이라 깨닫는다. 평화!

에즈 마을.

모나코 대성당 외벽 창문.

모나코 공국 항구 전경.　　　　　　　　　　모나코 궁 산책로에 있는 기울어진 나무.

순례 이야기 다섯

　순례를 계속한다. 칸Cannes 영화제가 열리는 해변을 산책하며 영화라
는 매체가 주는 힘을 생각한다. 쪽빛 지중해를 가까이에서 바라보며 순례
길에 만난 낯선 세상이 반갑다. 높이 솟은 종탑 대신 벽면에 세운 철제 십
자가는 위압적이거나 이질적으로 보이지 않는다. 칸시 상징인 종려나무
잎을 바닥 곳곳에 그려 놓았는데 조화롭다. '나는 왜 칸에 와 있나?' 순례
혹은 문화 탐방을 기획한 사람이나 여행사 관계자에게 물어야 할 질문이
다. 때로는 내 의지와 상관없이 순례길에 따라나서야 할 때가 있다. 그
여정이 내 속도와 호흡에 맞는다면 금상첨화일 거다. 하지만 그 반대일
경우엔 반면교사로 삼는다. 그래서 내가 순례길을 기획한다면 어떻게 할
지 상상하며 그 길을 걷고 있다. 나와 우리 공동체가 함께 순례한다면 각각

칸을 상징하는 종려나무.

칸에 걸맞은 카메라 상징물.

어떤 욕구와 기대와 바람이 있는지 묻는 일이다. 그리고 묻고 난 후 모은 생각과 기대를 기초로 장소와 일정을 정한다. 장소와 장소를 따라 이동할 때 방문할 의미가 있거나 색다르거나 잘 알려지지 않는 마을이나 공동체

칸 해변으로 가는 길에 있는 한 교회의 십자가.

를 찾는 것도 좋다. 음식도 중요하다. 생선, 닭고기, 돼지고기, 소고기를 번갈아 먹으며 든 생각은 무엇을 먹을까 진지하게 물어야 한다는 깨달음이다. 이제 순례를 제대로 실행할 적절한 여행사를 선정하고 순례 장소와 일정을 결정하면 된다. 다시 순례를 시작한다. '왜 나는 길을 걷는가?' 이 질문에 대한 답변이 순례를 깊게 한다.

빈센트 반 고흐Vincent van Gogh

① 칸 희망의 성모교회.

② 레 보Les Baux 성 안 풍경.

③ 레 보Les Baux 성 안 풍경.

④ 레 보Les Baux 성 안 위그노 살던 곳.

도시로 유명한 아를Arles로 이동하는 중간에 레 보 드 프로방스Les Baux-de-Provence 마을을 방문했다. 가톨릭과 개신교 위그노가 갈등과 공존을 거듭하던 시기에 박해를 피해 숨어든 위그노가 살았던 공간이 있다. 성으로 올라가는 곳곳에 아기자기하고 아름다운 집과 상점이 많다. 자신이 믿는 신앙 자유를 지키기 위해 목숨을 걸었던 수많은 사람을 기억하며 생각한다. 나는 어떤 신앙을 갖고 있나? 그 신앙이 나, 이웃, 사회와 공동체에 어떻게 비추며 영향을 끼치는가? 깊이 성찰하는 시간과 장소다. 순례는 걷다가 만나는 사람과 장소와 역사에 비추어 자신을 돌아보는 것임을 깨닫는다. 평화!

순례 이야기 여섯

순례를 계속한다. 빈센트 반 고흐 마을로 유명한 아를Arles에서 고흐 흔적을 따라 걸었다. 네덜란드 출신으로 화랑 점원에서 신학생으로, 탄광 선교사로, 화가로 살아온 여정은 분명히 순례다. 탄광 노동자 인권을 옹호하다가 쫓겨난 후 본격적으로 그림을 그린다. 벨기에와 프랑스 미술관에 수많은 그림을 감상하며 특히 밀레 그림에 감동한다. 고흐는 스스로 밀레가 정신적 스승이라고 말하며 밀레Jean-François Millet 그림을 모사한다. 이런 여정을 통해 고흐는 노란색과 파란색을 가장 좋아하게 된다. 몽마르뜨, 노르망디와 지중해 주변으로 여행하며 많은 화가와 교류하며 자기 색

〈아를 병원의 정원〉을 그린 곳. 지금은 반 고흐 재단. 현재 반 고흐 재단으로 사용하는 아를 병원.

과 붓 터치를 연구한다. 여기저기로 떠돌아다니는 순례에서 고흐는 빛에 주목해 '햇빛이 찬란한 곳 아를'로 옮겨 그림을 그렸다. 빛을 찾아서 떠나는 여정! 빛이 좋은 곳으로 옮겨 사는 삶! 멋지다. '어떤 사람이 되려고 하는가?' '어디로 가는가?' '지금 여기에 멈추어 어떤 삶을 사는가?' '앞으로 어디로 여행하며 순례할 것인가?' 질문을 거듭한다. 고흐가 살았던 짧은 삶에 비추어 나 자신을 돌아보니 긴 여운이 남는다.

고갱Paul Gauguin이 그려준 자화상에 불만을 표시하며 스스로 자른 귓불 사건으로 입원한 아를 병원에서 그린 〈아를 병원의 정원〉은 유명하다. 지금은 반 고흐 재단으로 사용하는 그곳에 바짝 마른 얼굴을 한 반 고흐 동상이 있었다. 얼굴을 바라보며 여러 굴곡진 삶을 살아온 고흐 삶을 기억

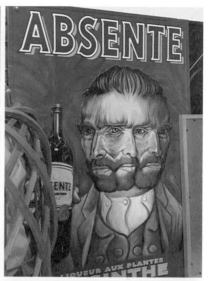

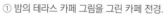

① 밤의 테라스 카페 그림을 그린 카페 전경.
② 반 고흐 재단 안에 있는 반 고흐 동상.
③ 아를 시 골목 벽면에 쓰여 있는 반 고흐 이름.

④ 반 고흐가 즐겨 마셨다는 압생트 광고 그림.
⑤ 아를 시 바닥에 그려진 방향 표시.

한다. 아를은 프랑스에 남아 있는 로마 유적이 가장 잘 보전된 곳이기도 하다. 고흐 작품 중에 〈아를의 원형 경기장〉이 로마 원형 경기장을 그린 것이다. 아를에서 하룻밤 머물며 〈밤의 테라스 카페〉를 그린 카페와 〈론강의 별이 빛나는 밤에〉를 그린 곳에 서서 다리를 한참 바라보았다. 순례는 다른 삶을 살았던 사람과 그들 삶과 작품을 깊이 들여다보는 것임을 깨닫는다. 이제 아를을 떠나며 고흐의 다리로 알려진 〈랑글루아 다리〉로 고흐 발자취를 밟았다. 순례가 종교적 시간이나 공간에 갇히지 않고 사람 삶에 깊이 들어가 그 목소리를 듣는 것이란 생각에 무릎을 친다. 아를에 머물며 고흐가 머물렀던 유럽 곳곳으로 순례하며 그가 살았던 삶 속으로 깊이 들어가고 싶은 욕구가 생겼다. 고흐와 함께 떠나는 순례! 멋지다. 평화!

순례 이야기 일곱

순례를 계속한다. 고흐 발자취를 남겨 두고 아를을 떠난 버스는 프랑스 남서부 까르까손Carcassonne으로 향했다. 이슬람 역사와 기독교 역사 한복판에 있던 지리적 배경으로 여러 침략과 탈환을 계속했다. 피레네산맥을 경계로 프랑스와 스페인을 나누는 곳에 까르까손이 있다. 까르까손은 성채 마을로 유명하고 죽기 전에 꼭 가봐야 할 곳이라 한다. 성채 모두 1100년에 건축한 중세 도시 중 하나다. 순례하다 보면 뜻하지 않은 곳에

까르까손 성채 조형물.

오기도 한다. 지명에 관한 유래가 특별하다. 스페인을 거쳐 피레네산맥을 넘어 프랑스로 침략한 이슬람이 성채를 점령해 살았다. 이슬람 세력을 몰아내려고 군대를 몰고 온 샤를마뉴 대제Carolus Magnus가 까르까손을 공격하고 성채를 포위했다. 몇 개월 동안 성채를 포위하고 대치할 때 성안에 있던 이슬람인 마담 까르까스가 사람들에게 집 안에 남아 있는 먹을 걸 가지고 나오라고 말했다. 마을 사람 중 한 사람이 새끼 돼지를 갖고 나오자, 돼지 배를 가르고 그 속에 곡물을 채워 넣은 후 다시 꿰맸다. 그리고 샤를마뉴 대제를 향해 새끼 돼지를 던졌다. 샤를마뉴 앞에 떨어진 새끼 돼지 배 속에서 온갖 곡물이 터져 흩어졌다. 그 광경을 지켜본 샤를마뉴가 새끼 돼지조차도 배불리 먹인다고 생각해 성채 포위를 풀고 되돌아갔다는 일화는 유명하다. 그 후 마담 까르까스가 나팔을 불고 노래를 불렀다는 의미로 까르까손이라고 부르게 되었다.

　중세 시대 건축을 그대로 보존하고 보수한 모습을 곳곳에서 찾을 수 있다. 성채는 이중 성벽으로 되어 있고 성안과 성 밖 풍경이 평화롭고 아름답다. 까르까손이란 지명 유래가 된 마담 까르까스 석상이 성채 입구에 놓여 있다. 지혜와 용기를 가진 마담 까르까스 이야기를 들으며 순례가 지닌 의미를 성찰한다. 절체절명 순간에도 기지와 지혜와 용기를 갖는 평정심을 생각한다. 굴곡진 여정에서 앞으로 나아가기도, 뒤로 물러나기도, 길을 잃고 헤매기도 하는 순간순간마다 평정심을 갖고 지혜와 용기를 간구한다. '내가 할 수 있는 일은 실천할 용기를, 내가 할 수 없는 일은 받아들일 평온을, 이 둘 사이 차이를 분별할 지혜를 간구'한 라인홀드 니버 Karl Paul Reinhold Niebuhr 를 생각한다. 순례는 용기와 평온과 지혜를 간구하며 걷는 여정이다. 평화!

① 까르까손 성채 앞에 있는 마담 까르까스 석상.　② 까르까손 성 안에 보관 중인 십자가 유물.
③ 까르까손 성채 모습.

순례 이야기 여덟

순례를 계속한다. 일행이 탄 버스가 까르까손을 떠나 스페인 국경을 넘는다. 멀리 피레네산맥이 보인다. 스페인 첫 순례지는 토사 데 마르 Tossa de Mar다. 바르셀로나에서 북동쪽으로 100km 정도 떨어진 곳에 있는 토사 데 마르는 기원전 1세기부터 로마인이 살았던 해안 마을이다. 코스타 브라바Costa Brava 해안과 자연경관이 아름다워 프랑스 남부에서 활동했던 화가 샤갈Marc Cha all이 자주 머물렀다고 한다. 샤갈이 토사 데 마르를 배경으로 그린 '블루 파라다이스Blue Paradise'라는 작품이 있다. 정말 쪽빛 바다가 펼쳐진 코스타 브라바 해변은 환상적이다.

잠시 바다를 바라보다가 골목으로 들어선다. 일요일에 거의 모든 상점이 문을 닫는다. 좁은 골목길을 걷다가 우연히 마주친 작은 채플이 발을 멈추게 한다. 소코르 마리아 채플Chapel of Our Lady of Socorro Capella de la Mare de la Mare de Déudels Socors라는 곳이다. 1593년도에 안토니오 카이샤라는 어부가 해난 사고에서 무사히 살아온 걸 기념해 만든 작은 채플이다.

눈앞에 펼쳐진 멋지고 화려한 지중해에 매료되어 그곳에 머물 시간을 바다를 바라보는 걸로 사용했다면 결코 볼 수 없던 공간이다. 20명 내외로 앉을 수 있는

코스타 브라바 Costa Brava 해안.

아주 작은 채플이 마을 골목 안에 있어서 따뜻하고 정겹다. 그 앞에서 담소를 나누는 마을 사람들이 여유롭게 평화를 누린다. 순례는 이처럼 화려한 장면 너머에 숨겨지고 가려진 시간과 공간과 마주하며 찾아가는 것이다. 너무 짧은 시간 이곳에 머문다는 게 아쉽다. 스페인으로 다시 순례할 이유가 생겼다. 순례는 앞으로 나아가는 길을 보여주기도 하고, 다시 뒤로 돌아가 조용히 성찰하게 한다. 부엔 까미노Buen Camino, 좋은 순례길! 평화!

토사 데 마르Tossa de Mar 골목길 풍경.

순례 이야기 아홉

순례를 계속한다. 몬세라트 수도원Monasterio de Montserrat으로 향했다. 해발 725미터에 세워진 수도원이 몬세라트란 이름을 갖게 된 연유는 톱니 모양으로 생긴 바위가 6만여 개 있는 산 중턱에 있기 때문이다. 몬세라트산 정상은 1,236미터 높이다. 산으로 오르는 버스가 수도원 근처에서 한참을 멈춰 섰다. 순례하거나 트레킹하거나 여행하는 사람들이 많은 까닭이다. 주일 미사에 참여한 가톨릭 신자가 이미 와 있었다. 그 사람들 틈에서 순례를 하니 몸가짐을 돌아본다. 버스 안에서 기다리는 대신에 내려서 걸어 올라갔다. 이 길이 '산티아고 순례길' 중 하나라는 가이드 안내를 듣고 짧은 거리지만 걷기로 결심했다. 탁 트인 산 중턱에서 감탄

몬세라트Montserrat(톱니)라는 이름이 가진 뜻을 보여주는 산 전경.

과 탄성이 절로 나왔다. 6만여 개가 넘는 기암절벽과 바위틈 사이에 수도원과 성당 건물이 서 있었다. 스스로 세상 경계 밖으로 추방한 순례자와 수도자를 생각했다. '무엇을 찾으러 길을 걷는가?' '무엇을 깨닫고자 도를 깨우치려 하는가?' '어떤 사연과 이야기가 이 수도원에 가득할까?' '스스로 추방한 이곳에서 어떤 간구와 기도를 하는가?' 수도원을 향해서 언덕길을 걸으며, 수도원 성당 안을 돌아보며 질문에 질문이 계속 이어진다.

전설에 의하면 880년 몬세라트 산 속 동굴에서 성모 마리아 이미지를 발견했고, 888년 몬세라트가 처음 문서에 기록된 게 알려진 후 증축을 거듭했다. 하지만 1811년 프랑스 나폴레옹 군대가 상당한 부분을 파손했고 수도사를 처참하게 죽였다. 그 후 19세기 중반에 수도원을 재건한 후 수도사가 모여들었고, 20세기 초에 현재 모습으로 복원했다. 지금은 베네딕토 수도회 수도원으로 80여 명 수도사가 거주한다. 이곳 수도원 바실리카 대성당에는 13세기에 세계 최초로 만들어진 '에스콜라니아Escolania'

몬세라트 수도원 앞에 있는 천국의 계단
Escaleras al cielo del Montserrat.

소년 합창단과 와 카탈루냐수호 성인 '검은 성모상'이 있다. '검은 성모상La Moreneta, Little Dark One'으로 알려진 몬세라트 성모 마리아 이미지는 12세기 말 로마네스크 양식으로 만든 다양한 색으로 조각한 것이다. 전 세계 수많은 순례자가 이 이미지를 보려고 순례한다.

올라갈 때는 버스로 한참 걸려 도착한 산 중턱 수도원에서 케이블카를 타니 10분 만에 내려올 수 있었다. 순례자와 등산객으로 붐벼 40분 이상 기다린 후 케이블카를 탈 수 있었다. 긴 기다림의 시간을 보내는 방식도 다양하다. 독일에서 온 등산객 2명이 마스터스 마인드master's mind란 게임을 한다. 호기심을 갖고 물어보니 마스터스 마인드 게임하는 방법을 친절하게 알려주며 함께하자고 권한다. 순례는 낯선 사람과도 자연스럽게 대화를 나누도록 초대한다. 밤이 깊어 가며 스페인에서 첫째 날이 지난다. 몬세라트 수도원 내에 숙소가 있으니 언젠가 순례길을 멈추고 하룻밤 묵어가는 것도 좋겠다고 생각했다. 내일은 어떤 순례길이 펼쳐질지 상상한다. 브엔 까미노! 평화!

몬세라트 수도원 바실리카 대성당.

몬세라트 수도원 일몰 광경.

순례 이야기 열

　순례를 계속한다. 스페인 곳곳에 새겨진 문화와 역사 흔적은 다시 이곳으로 돌아올 것이란 기대로 확장한다. 직접 눈으로 보고 귀로 듣는 현장에 오면 역사와 문화와 사람을 더 깊이 알고 싶어진다. 순례 중 만난 역사와 문화와 사람에 대해 제대로 알 수 없으니 공부해야 한다. 조금 더 머물러 보고 듣고 경험할 여유가 없으니 지나치고 생략한다. 프로스트Robert Frost가 쓴 것처럼, 두 갈래 길에서 하나를 선택하는 상황 앞에 놓인다. 그 시간과 공간에서 바라는 건 선택한 그 길이 나 자신을 바꾸길 기대하는 것이리라!

　일행이 탄 버스가 레리다Lérida 또는 레이다Lleida라 불리는 까딸루냐Catalunya 지방으로 이동한다. 레리다를 상징하는 레리다 세우 벨라 대성당Catedralde la Seu Vella de Lleida을 찾았다. 순례를 안내하는 현지 가이드가 요새 같은 성당에 관해 설명한다. 성당을 배경으로 계단에 앉아 사진을 찍고 바로 다음 장소로 이동한다. 순례를 함께한 사람들 가운데 성당을 둘러보고 싶은 사람도 있었으나 안내를 맡은 가이드를 따라 시내로 사라진다. 순례할 때 그룹이 힘이 되고 의지가 될 때가 있다. 하지만 그룹과 안내하는 사람에게 모든 순례길을 결정하도록 허용하는 건 순례하고 걸으며 새롭게 만날 낯설고 특별한 광경을 포기하는 결정일지도 모른다. 일행이 다시 모일 장소를 메모하고 레리다 세우 벨라 대성당에 남기로 했다. 순례는 가끔 그룹에서 떨어져 혼자 걷는 여정이다. 홀로 걸어야 보이는 게 있다. 내 호흡과 속도에 맞춰 걸으려면 혼자 걷는 게 필요하다.

대성당 주변은 요새처럼 마을 가장 높은 곳에 있어서 주변 도시와 마을을 바라볼 수 있다. 탁 트인 레리다 시내가 한눈에 들어왔다. 13세기 카탈루냐 지역 최초 대학을 레리다에 설립했다. 대성당은 훌륭하고, 방문할 가치가 있다. 안타깝게도 대성당은 굳게 닫혀 있어 안으로 들어갈 수 없었다. 대성당 회랑이 인상적이며 유럽에서 가장 큰 규모라는 데 볼 수 없어서 아쉽다. 레리다 사람 모두를 기쁘게 하는 종탑에 오르면 환상적 경치를 볼 수 있다는데 오를 수 없었다. 종탑까지 오르려면 238계단을 지나야 하지만 위에서 내려다보는 경치는 그만한 가치가 있다고 했다. 시내 투어를 포기하고 홀로 요새 같은 대성당에 남은 게 다행이다. 대성당 내부로 들어가는 길을 찾다가 만난 사람들에게 물었다. 안타깝게도 '오늘은 성당 문을 닫았지만, 내일은 연다'라고 친절하게 알려준다. 무슨 일로 모였

레리다 세우 벨라 대성당 Catedralde la Seu Vella de Lleida.

는지 물었더니 소믈리에sommelier 모임이란다! 홀로 순례하다 보면 뜻하지 않은 곳에서 예상 밖 사람을 만난다. 내일 성당 문을 연다는 말을 듣고 하룻밤을 머물고 싶지만, 함께 순례하는 그룹과 이동하니 그럴 수 없다. 혼자 가면 빨리 가지만 같이 가면 멀리 간다는 말을 떠올린다. 순례는 '홀로 그리고 함께'라는 말이 주는 의미를 더 깊이 묵상하게 한다. 부엔 까미노! 평화!

소믈리에 모임을 하는 사람들.

순례 이야기 열하나

순례를 계속한다. 레리다Lleida를 떠난 버스가 에브로Ebro강 근처에 멈춘다. 옛 아라곤 왕국 수도이자 문화 중심지로 현재까지 많은 유적이 남아 있는 역사적 도시인 사라고사Zaragoza에 도착했다. 쎄싸라우구스따Caesaraugusta라고 하는 로마인 거주지로부터 '사라고사'라는 이름이 유래한다. 스페인 북부임에도 불구하고 보존 상태가 좋은 이슬람 관련 유적이 남아 있다.

강 건너편에 화려하게 타일을 붙인 11개 둥근 지붕이 있는 성당이 보인다. 오늘 순례지다. 기둥이란 뜻을 가진 필라르 성모 대성당Catedral-Basílicade Nuestra Señoradel Pilar이 눈과 모든 감각을 사로잡는다. 기둥이 몇 개인지, 어느 시대 건축 양식을 지니고 있는지 살펴보며 고개를 젖힌다. 성당 외부뿐만 아니라 내부로 들어가 보고 싶은 마음이 샘솟는다. 순례를 안내하는 현지 가이드는 성당 내부로 들어가는 대신 오래된 도시 순례길로 이끈다. 하지만 나는 도시를 돌아보는 대신에 성당 안으로 순례길을 결정하고 일행과 다시 만날 시간과 장소를 기록했다.

필라르 성모 대성당은 역사상 최초로 마리아에게 봉헌한 교회로 알려졌다. 고대 전승에 따르면, 예수께서 십자가에 못 박히고 부활한 후, 예수

필라르 성모 대성당 Catedral-Basílicade Nuestra Señoradel Pilar.

제자 야고보는 스페인에서 복음을 전파하고 있었다. 선교 실패로 낙심한 야고보에게 벽옥 기둥을 주며 마리아를 공경하는 교회 건축을 지시했다고 전해진다. 야고보는 마리아에게 봉헌할 작은 예배당을 지었고, 나중에 바실리카 같은 형태, 로마네스크 양식, 고딕 양식, 무데하르 양식으로 변형했고, 이후 여러 변형을 거쳐 현재 바로크 양식 건물로 우뚝 서 있다. 성당 천장에는 이 도시 출신 세계적 화가 고야Francisco José de Goya가 그린 천장화가 있다. 성당 안내인에게 화가 고야가 그린 천장화가 어디에 있는지 물었더니 친절하게 가리키며 알려준다. 순례는 역시 보고 듣고 또한 묻는 것이다. 묻지 않고 제대로 알 도리가 없다. 제대로 가고 있는지 돌아보고 살펴볼 게 있는지 물으려 순례한다.

성당 안을 둘러 보고 나오니 성당 앞 한쪽 뜰에 고야 동상이 서 있다.

프란시스코 고야가 그린 천장화.

그곳에서 우연히 만난 사라고사 현지인이 성당 앞쪽 다리가 가장 전망이 좋은 곳이라 알려준다. 에브로강에 있는 로마인 다리에서 바라본 벽돌 예배당은 전형적인 아라곤 풍 느낌을 준다. 감탄을 연발하며 로마인 다리 이곳저곳을 옮겨가며 바라보고 기억에 새긴다. 한번 순례한 지역과 사람과 역사를 단번에 알 수 없다. 순례 후 그곳 역사와 문화와 사람에 대해 관심 갖고 공부한다. 다시 그곳을 순례하리라 다짐한다. 그러니 순례는 관심이며 기대다. 부엔 까미노! 평화!

프란시스코 고야 동상.

순례 이야기 열둘

순례를 계속한다. 스페인 바르셀로나 마지막 순례지는 안토니오 가우디Antonio Gaudi와 함께 떠나는 건축 순례다. 까사 밀라Casa Milà는 바르셀로나 교차로에 있다. 가우디 순례를 시작하며 만난 첫 건물이다. 확연히 다른 건물 모습과 달랐다. 불규칙한 곡선은 물결과 파도에서 영감을 받았다고 한다. '직선은 인간이 만든 선이고, 곡선은 하느님이 만든 선이다'라고 말하며 가우디는 곡선을 좋아했다. 건물 외부 모습이 커다란 바위산에서 돌을 캐는 채석장과 흡사하다고 채석장을 뜻하는 '라 페드레라La Pedrera'로 불리기도 한다. 바르셀로나 시내에서 처음 만난 까사 밀라는 다른 건물과 이질적으로 보이면서 스스로 위용을 보이는 모습이 인상적이었다. 가우디 순례를 맡은 가이드가 건물에 관한 많은 설명을 하지만 들리지 않는다. 다만 눈앞에 보이는 건물 곳곳을 쉴 틈 없이 바라볼 뿐이다. 건물 역사와 의미는 나중에 더 공부해야 하겠다. 순례는 이처럼 즉자적으로 바라본 것을 보고 느끼는 것에서 출발해 조용히 홀로 있는 시간에 기억하고 회상하고 돌아보는 것이리라.

까사 밀라에서 10분 정도 걸으니 까사 바트요Casa Batlló가 있었다. 카사 아마트예르Casa Amatller와 경쟁하듯 바로 옆에 서 있는 건축은 동화에 나오는 이야기를 담고 있다. 형형색색 지중해 바다를 표현하듯 아름답고 신기해 감탄이 절로 나온다. 길 건너편에서 바라보다가 건물 앞으로 달려가 고개를 들고 이리저리 바라보니 흥미롭고 훌륭하다. 이 건축 역시 직선이 아니라 불규칙한 곡선이 층마다 이어진다.

까사 밀라Casa Milà.

까사 바트요Casa Batlló.

이제 버스는 구엘 공원Parc Guell으로 향한다. 수많은 관광버스와 관광객으로 북적거린다. 예약 시간에 맞춰 도착했지만 조금 기다려 현지 가이드를 만나 함께 들어갔다. 대부분 국가에서 현지 가이드가 투어를 이끌도록 법을 만들었는데 구엘 공원에서도 마찬가지였다. 물론 구엘 공원에 관한 안내는 한국인 가이드가 맡았고 바르셀로나 현지 가이드는 동선을 안내하는 역할을 했다. 프랑스 파리에서 오래 살다가 바르셀로나로 왔다는 현지 가이드 엘리나는 '천천히'와 '빨리빨리'라는 한국어를 알고 있다고 말했다. 구엘 공원은 처음부터 공원으로 만든 건축이 아니라 영국과 같은 대규모 주거 단지를 조성하기 위해서 경제적 후원을 한 구엘이 가우디에게 의뢰해 만들어진 곳이다. 완성한 주거 단지는 아쉽게도 집을 사려는

사그라다 파밀리아 성당 Temple Expiatoride la Sagrada Família.

사람들이 없어서 결국 나중에 시가 공원으로 조성하게 되었다. 구엘 공원 곳곳에 가우디가 생각하고 설계하고 추구한 자취와 흔적이 남아 있었다. 엉뚱하고 독창적이며 실용적이고 창조적인 설계와 건축을 이어간 가우디에게 감탄하지 않을 수 없다. 구엘 공원은 트렌카디스Trencadis 기법인 깨진 타일 조각을 모자이크 기법으로 붙여서 건축을 완성하는 게 특징이다. 이곳을 둘러볼 시간이 충분하지 않았다. 물론 현지 가이드가 알고 있는 단어처럼 '빨리빨리' 보고 사진 찍고 지나면 시간이 충분할지도 모르겠지만! 가우디 순례를 하며 거듭 이곳에 다시 올 것이라는 생각이 멈추지 않는다.

이제 버스는 가우디 건축 가운데 가장 크고 웅장하고 훌륭한 건축을 보러 출발한다. 성가정 성당이란 뜻을 가진 사그라다 파밀리아 성당Temple Expiatoride la

구엘 공원 트렌카디스 기법 건축물.

Sagrada Família이다. 버스를 내려 성당으로 이동하기 전에 감탄 소리가 여기저기서 들린다. 아주 먼 곳에서 볼 수 있도록 우뚝 솟은 성당 첨탑이 웅장하다. 현재 146년째 성당을 짓고 있는데 가우디 서거 100년인 2026년에 완공될 예정이다. 아! 3년 후나 4년 후 이곳에 올 이유가 또 생겼다. 첨탑 높이와 곳곳에 새겨진 조각과 조명 그리고 스테인드글라스는 한마디로 요약하거나 설명하기 어렵다. 그러니 직접 순례하고 바라보고 그 앞에 서서 생각하고 묵상하길 권한다.

천재 건축가와 경제적 후원자가 만들어 낸 엄청난 건축물에 고개를 숙인다.

탄생 파사드, 성가족의 이집트 피신.

짧은 시간에 스치듯 바라본 모습도 이처럼 감동과 감탄으로 가득한 데 오랜 시간 머물러 바라보고 생각하고 공부한다면 얼마나 더 큰 감동을 얻게 될지 상상하면 가슴 벅차다. 이제 버스를 타고 공항으로 이동해 귀국길에 오른다. 다시 이곳에 돌아오리라 다짐하면서! 부엔 까미노! 평화!!

순례 이야기 열셋

순례를 계속한다. 12일간 순례 여정을 마치고 집으로 돌아왔지만, 몸과 마음은 아직 순례 중이다. 그러니 순례는 마치는 게 아니라 계속하는 것이다. 순례하는 좋은 방법은 홀로 길을 걷는 거다. 그래야 천천히 세심하게 살피고 멈추고 바라보고 생각할 수 있다. 리옹Lyon에서 바르셀로나 Barcelona까지 650km이지만, 중간에 여기저기를 방문하고 갔으니 족히 1,000km가 넘는 거리를 버스로 이동했다. 버스 안에서 바라본 풍경은 멋지고 아름다웠지만 또한 빠르게 스쳐 지나갔다. 기억에 오래 남는 건 걸으며 만난 사람과 풍경이다. 멈추어 서서 바라보고 관심을 가지며 더 보고 더 이해할 수 있다. 순례길에서 만난 외침과 목소리는 그곳에 사는 사람들 흔적, 즉 터무니다. 걸어서 만난 그곳 터무니가 아직도 강렬하게 남아 있다. 브엔 까미노! 평화!

(좌) 아비뇽Avignon 시청 앞 혐오 반대 포스터. (우) 레리다 어느 골목 벽화.

① 레리다 어느 골목 벽화.
② 아를 호텔 사진전 중에서.
③ 사라고사 시내에 있는 동상.
④ 사라고사 가라피니로스에 있는 공원 조형물.

순례 이야기 열넷 그리고 끝

순례를 계속한다. 순례를 다녀온 전체 이야기를 정리해야 하겠다. 왜냐면 또 다른 순례길에 점검할 터무니가 될 테니까. 우선 어디로 순례할까를 결정하는 게 중요하다. 당연하다. 하지만 가끔 자신이 아니라 다른 사람 결정에 이끌리는 때도 있다. 그런 순례일지라도 어디로 가는지 정확하고 분명하게 인지할 필요가 있다.

이제는 누구와 함께 순례를 떠날지 정해야 한다. 도반이나 벗이나 동료라 할지라도 관심과 흥미가 다를 수 있으니 충분한 논의와 토론과 대화를 나누고 순례 여정을 떠나자.

순례 일정과 동반자를 정했으니, 무엇을 보고 무엇을 먹고 어떤 유연성과 융통성을 수용할 수 있는가를 점검한다. 순례에서 유연성과 융통성은 임기응변이 필요한 시간과 공간에서 필수적이다. 가끔 순례길에서 계획과 다른 일정이나 장소를 찾아도 불편하지 않은 태도가 필요하다.

순례를 마치고 돌아와 다

문 닫힌 생 트로핌 성당 Primatiale Saint Trophime.

시 순례를 계획한다. 다음 순례는 조금 더 세심하게 준비하고 떠나리라. 그래도 우연이나 의외성을 포기하지 않으리라. 아를Arles에 있는 생 트로핌 성당Primatiale Saint Trophime을 찾았을 때 성당 문이 굳게 닫혀 있었다. 현지 가이드는 영문을 모른다고 하며 기다렸다. 호기심에 성당 옆으로 들어선 나는 성당 옆문으로 들어선 방에서 노숙자homeless에게 아침을 제공하는 사람을 만났다. 성당 내부를 보여주며 최소한 2주간 보수공사를 한다고 말했다. 우연히 들어선 문에서 배고프고 목마르고 나그네 된 사람을 환대하는 멋진 사람을 만났다. 나에게 커피를 권하며 따뜻하게 환대했다. 예정한 길이 아닌 다른 낯선 곳으로 들어설 때 만난 놀라운 광경이다. 다음 순례엔 이와 같은 우연과 의외성을 많이 만나길 기대한다. 누구와 어디로 무엇을 쫓아 순례할지 기대하며 또 다른 순례를 준비하러 떠난다. 브엔까미노! 평화!

노숙자에게 아침을 제공하는 성당 안 포스터.

아를 도심, 순례자를 안내하는 반 고흐.

친구는 지금 곁에 남아 있는 사람

"온 세상이 나를 버려 마음이 외로울 때에도
'저맘이야'하고 믿어지는
그 사람을 그대는 가졌는가?"

함석헌

벗과 이웃과 가족이 모여서 공동체를 만든다. 그래서 공동체 안녕을 묻는 건, 가족과 이웃과 벗이 건강하고 평화로운 관계를 만들고 사는지 묻는 것과 같다. 서울대 보건대학원 교수 김승섭 선생님은『아픔이 길이 되려면』이란 책에서 이렇게 쓰며 공동체 안부를 묻는 일이 중요함을 강조한다.

"어떤 공동체에서 우리가 건강할 수 있는지에 관해 질문을 던집니다. 개인이 맞닥뜨린 위기에 함께 대응하는 공동체, 타인의 슬픔에 깊게 공감하고 행동하는 공동체의 힘이 얼마나 거대하고 또 중요한지에 대해서요. 당신에게도 그리고 저 자신에게도 묻고 싶습니다. 당신과 나, 우리의 공동체는 안녕하신지요?"1

한 달에 한 번 저녁 시간에 모여서 인권이란 프리즘으로 사회 전반에 다양한 주제를 서로 비추고 서로 배우는 모임을 꾸리는 이유 또한 공동체 안녕을 묻는 일과 깊이 관계가 있다. 2024년 올해로 6번째 진행하는 '시민과 함께하는 인권 서로 배우기'는 일정한 틀에 갇혀 지루하지 않고 역동적이다. 이유는 간단하다. 시대정신에 맞춰 속도와 방향을 정하고 시민과 함께 걷는다. 사람이 사람으로서 누려야 할 권리에 관해서 시민과 함께 같은 공간과 시간에 서로 비추며 서로 배우는 속도와 방향을 귀하게 여긴다. 모두 다문화평화교육연구소 공유공간에 기꺼이 찾아와 강의를 맡은 선생님과 시민 참여자가 있어서 가능했던 시간과 공간이다. 평일 저녁에 강좌를 여는 까닭은 퇴근 후에 강의를 듣고자 하는 직장인을 배려한 까닭이다. 그래서 강의를 맡은 선생님은 부득이 하룻밤을 광주에 머물거나 막차로 올라가는 불편함을 감수해야 했다. 이런저런 불편함과 어려움이 있음에도 강의를 위해 광주로 한걸음에 달려오는 선생님이 있어서 지루하거나 틀에 갇힐 겨를이 없다. 오히려 그런 동력이 거듭 '시민과 함께하는 인권 서로 배우기' 프로그램을 기획하고 시행하도록 이끈다.

---

1. 김승섭, 『아픔이 길이 되려면』, 동아시아, 2017, 286쪽.

작년 2023년은 친구가 누구인지 진지하게 묻는 시간과 공간이었다. 친구親舊, 가깝게 오래 사귄 사람을 가리키는 말이다. 가깝다는 말보다 오래 사귀었다는 의미에 더 방점이 있어 보인다. 하지만 친구는 지금 곁에 남아 있는 사람이란 의미를 더 힘주어 표현하고 싶다. 시민과 함께하는 인권 서로 배우기에 참여하는 강사 선생님과 시민 참여자가 바로 친구다. 곁에 머물러 함께하는 지지와 연대가 더불어 사는 세상을 상상하는 시간과 공간으로 이어진다.

2023년에 진행한 '시민과 함께하는 인권 서로 배우기' 프로그램에 강의를 맡아 주신 선생님 덕분에 이 책이 세상에 나왔다. 강의뿐 아니라 강의 원고도 기꺼이 써주시고 단행본으로 출간하도록 응원해 준 덕분이다. 모두 다문화평화교육연구소가 지역 사회에서 시민과 함께 인권을 서로 배우는 여정을 지지하고 응원하기에 가능한 일이었다. 다시 한번 더 '시민과 함께하는 인권 서로 배우기' 프로그램이 지닌 의미를 여기에 기록함으로써 단행본으로 출간하는 의미를 되새겨 보기로 한다.

하나. '시민을 위한' 강좌가 아니라, '시민과 함께하는' 강좌라는 긴 수식어를 붙인 이유를 설명해야 하겠다. 강의와 강좌 또는 교육이 시민이나 사람을 변화시키고 바꿀 수 있다는 위계적이며 수직적 '오만함'에서 벗어나 수평적 '겸손함'으로 전환할 필요성을 깨달았기 때문이다. 학자, 전문가, 작가 중심으로 강좌를 구성하지만, 강사와 시민이 수직적으로 위계 관계가 아니라 수평적으로 동등한 관계라고 인식한다. 어떤 사람도 다른 사람을 변화시킬 수 없으며, 오로지 사람은 스스로 깨닫고 자발적으로 변화한다는 단순하지만 명쾌한 지혜로부터 출발한다.

둘. '서로 배우기'라는 용어를 사용하는 까닭도 밝혀야겠다. 강의를 담당하는 강사와 강좌에 참여하는 시민이 서로 배우기를 실천하는 시간과 공간을 마련한다는 뜻이다. 일방적 '교육education'이란 용어보다는 상호 소통적 서로 배우기, 즉 '페다고지pedagogy'란 용어가 적절하다고 생각한다. 물론 일방적 교육과 강의로 사람이 바뀌고 변화할 수 있지만, 그 변화 주체는 개별 존재다. 바꾸고 변화하는 주체는 개인이며, 비추고 배우는 주체 또한 개별 존재다. 이런 의미에서 '교육education'이 아니라 스스로 깨닫고 아는 '페다고지pedagogy'가 사람이 바뀌고 변화하는 주된 동력인 것이다. 강의와 강좌에 스스로 깨닫고 아는 페다고지를 내포해 붙인 이름이 바로 '서로 배우기'다.

셋. '인권'이란 용어가 지닌 무게를 다른 주제와 연결한다. 강의를 담당한 선생님께 '인권'과 연결하며 제목을 붙여 강의를 부탁하면 주저하거나 조심스럽게 강의를 맡는다. 왜냐하면 '인권'이란 용어가 지닌 무게가 무겁기 때문일 것이다. 인권을 어떻게 정의하고 강의를 진행하는가에 따라 '인권'이 지닌 무게를 조정할 수 있다고 생각해 다양한 다른 주제와 연결해 요청하고 부탁한다. 사회 전반과 인간사 전반에 속한 모든 주제가 '인권'과 연관한다고 믿는다. 평화, 역사, 미술, 돌봄, 스포츠, 음악, 종교, 공동체, 순례라는 주제에 '인권'이라는 개념을 연결하니 이야기가 풍성하고 다양하다. 사람이 사는 모든 영역이 '인권'과 연결해 있다는 것을 강사도 참여자도 인식한다.

일방적 교육이나 한 방향으로 소통하지 않고, 서로 배우고, 서로 의지하고, 서로 관계하는 시도가 '인권 서로 배우기'를 실현하는 출발이다. '인권 교육'이란 표현 대신에 '인권 서로 배우기'란 표현을 의지적으로 사용하는 이유이기도 하다. 기획 의도와 적절한 강사 선생님 선정하는 일만큼 중요한 일은 '시민과 함께'라는 용어에 나타난 것처럼, 주체적이며 자발적으로 참여하는 '시민'이 '함께'하는 일이다. 기꺼이 자발적으로 찾아와 그 자리에 머물러 함께 해 준 시민이 없었다면 '시민과 함께하는 인권 서로 배우기' 프로그램 진행을 가능하지 않았을 것이다. 그래서 '시민과 함께'하는 말이 소중하고 중요하다. 평화!

벗과 함께 걷는 평화로운 화요일

초판 1쇄 발행 | 2024년 10월 30일
글쓴이 | 홍순관·김상윤·김상연·김형숙·정용철·지강유철·김지은·박흥순
엮은이 | 박흥순(다문화평화교육연구소장)
펴낸이 | 최진섭
디자인 | 플랜디자인
펴낸곳 | 도서출판 말

출판신고 | 2012년 3월 22일 제2013-000403호
주소 | 인천시 강화군 송해면 전망대로 306번길 54-5
전화 | 070-7165-7510
전자우편 | dream4star@hanmail.net
ISBN | 979-11-87342-31-1